더욱 새로워진 단계별 종합 일본어 학습 프로그램

일본어

STEP 4

더욱 새로워진 단계별 종합 일본어 학습 프로그램
NEW 우키우키 일본어 STEP 4

지은이 강경자
감수자 온즈카 치요(恩塚千代)
펴낸이 임상진
펴낸곳 (주)넥서스

초판 1쇄 발행 2006년 1월 5일
초판 7쇄 발행 2015년 1월 20일

2판 1쇄 발행 2016년 3월 25일
2판 2쇄 발행 2016년 3월 30일

3판 1쇄 인쇄 2025년 6월 10일
3판 1쇄 발행 2025년 6월 20일

출판신고 1992년 4월 3일 제311-2002-2호
주소 10880 경기도 파주시 지목로 5
전화 (02)330-5500 팩스 (02)330-5555

ISBN 979-11-94643-38-8 14730
(SET) 979-11-94643-34-0 14730

출판사의 허락 없이 내용의 일부를
인용하거나 발췌하는 것을 금합니다.
저자와의 협의에 따라서 인지는 붙이지 않습니다.

가격은 뒤표지에 있습니다.
잘못 만들어진 책은 구입처에서 바꾸어 드립니다.

www.nexusbook.com

더욱 새로워진 단계별 종합 일본어 학습 프로그램

NEW うきうき
우키우키

일본어 STEP 4

강경자 지음 · 온즈카 치요 감수

넥서스 JAPANESE

 # 첫머리에

어떻게 하면 쉽고 재미있게 일본어를 배울 수 있을까? 어떻게 하면 어디서든 인정받을 만한 완벽한 일본어 실력을 갖출 수 있을까? 현재 일본어를 배우고 있는 학습자나 앞으로 배우고자 하는 사람들에겐 영원한 숙제와도 같은 질문일 것입니다.

필자는 온·오프라인을 통해 오랫동안 일본어를 가르쳐 오면서 역시 이와 비슷한 의문을 가지고 있었습니다. 어떻게 하면 쉽고 재미있게 일본어를 가르쳐줄 수 있을까? 문법을 기초부터 탄탄하게 다져주면서 네이티브 같은 회화 감각을 길러주고, 게다가 어떤 표현도 자신있게 말할 수 있는 풍부한 어휘와 한자 실력까지 갖추도록 도와주고 싶은 마음이 간절하였습니다.

요즘은 예전에 비해서 좋은 교재들이 많이 출간되었고 여러 학원이나 학교에서 검증된 교재를 채택하여 사용하고 있지만, 막상 일본어를 학습하거나 가르치기 위해 좋은 책을 추천해 달라는 부탁을 받으면 고민하게 되는 것이 사실입니다. 왜냐하면 나름대로의 장점을 가지고 있는 일본어 교재는 많이 있지만, 완벽하게 일본어 학습상의 필요를 충족시켜 주는 체계적인 교재는 별로 없기 때문입니다.

일본어는 한국어와 여러 면에서 비슷한 언어 특성상 다른 언어에 비해 보다 쉽게 배울 수 있음에도, 효과적으로 일본어를 배우거나 가르칠 수 있는 교재는 많지 않았습니다. 예를 들어 회화는 연습이 중요한데, 간단한 문형 연습이 있는 교재는 많아도 기초 문법을 활용하여 실제 회화 연습을 할 수 있는 교재는 거의 없었습니다. 또한 일본어 학습자들이 가장 어려워하는 한자의 경우, 한자를 차근차근 익힐 수 있도록 한 교재는 참 드물었습니다. 더구나 요즘에는 쉽고 편한 길을 좋아하는 사람들의 심리를 이용하여 몇 마디 표현만 그때그때 익히도록 하는 흥미 위주의 교재도 눈에 많이 띄었습니다.

이러한 현실 속에서 조금이나마 일본어 학습과 교육에 도움이 되고자 하는 바람에서 이 책을 쓰게 되었습니다. 교재가 완성되어 가는 과정을 보면서 역시 부족한 점이 눈에 띄고 아쉬움이 많이 남지만, 기초 문법을 탄탄히 다지면서 실전 회화 감각을 익힐 수 있는 학습자들을 배려한 최고의 교재임을 자부합니다.

아무쪼록 이 교재가 일본어를 가르치거나 배우는 모든 분들에게 참으로 유익한 책이 되길 간절히 바라며, 끝으로 이 책이 출판되기까지 애써 주신 넥서스저패니즈의 여러 관계자 분들께 감사드립니다.

강경자

# 추천의 글

본 『우키우키 일본어』 시리즈는 주로 일본어 학원에서 쓰일 것을 염두에 두고 만들어졌으며, 등장인물은 회사원으로 설정되어 있다. 따라서, 각 과의 회화문은 대학 수업용으로 만들어진 교과서에 자주 나오는 학생과 학교 활동이 중심이 된 회화가 아닌, 일반적이고 보편적인 내용으로 구성되어 있다. 그래서 회사원은 물론이고 학생, 주부에 이르기까지 일본어를 처음 배우는 사람이 실제로 쓸 수 있는 표현을 단시간에 몸에 익힐 수 있도록 되어 있다.

본 교재는 기본적으로는 문형과 표현을 중심으로 명사문, 형용사문(い형용사·な형용사), 동사문과 기초 문법에 따라 차례대로 학습해 가도록 구성되어 있고, 각 과별로 다양한 장면을 설정한 연습문제와 FUN&TALK라는 자유로운 형식의 회화 연습문제도 있다. 즉, 일방적인 전달식 강의용 교재가 아니라 적극적으로 회화에 참가할 수 있도록 배려하여 강사의 교재 활용에 따라 수업 활동을 더욱 활발하게 전개시킬 수 있을 것이다.

또한, 본 교재의 특징으로 회화 안에서 사용되고 있는 어휘가 실제로 일본에서 쓰이고 있는 일상용어라는 점에 주목하고 싶다. 원래 교과서에서는 '휴대전화(携帯電話)'나 '스마트폰(スマートフォン)'과 같은 생략되지 않은 사전 표제어 같은 형태가 제시되는 것이 기본이지만, 본 교재는 학습자가 일본인이 실제로 회화에서 쓰는 말을 알고 싶어하는 요구를 반영하여 'ケータイ', 'スマホ'와 같은 준말 형태의 외래어(가타카나어)를 제시하였다.

이 교재만의 두드러지는 특징 가운데 또 하나는 일본어 초급 교재에서는 잘 볼 수 없는 한자와 외래어(가타카나어) 쓰기 연습이 제공되고 있다는 점이다. 한국어를 모국어로 하는 학습자는 비교적 일본어 학습 능력이 뛰어나다고 할 수 있으나 한자나 가타카나 표기가 서투르거나 잘 모르는 경우가 많다. 수업 중에 짬짬이 이러한 표기법이나 한자의 의미 등을 접할 기회를 고려하고 있는 점이 본 교재의 새롭고 뛰어난 점이라고 말할 수 있을 것이다.

덧붙여, 각 과마다 재미있는 삽화를 넣어 학습자가 학습 내용을 보다 쉽게 이해하고, 학습 의욕을 불러일으킬 수 있도록 하였다.

이처럼 다양한 학습상의 배려가 돋보이는 교재라는 점을 고려하여 많은 학원과 학교에서 쓰이기를 권한다.

恩塚 千代

구성과 특징

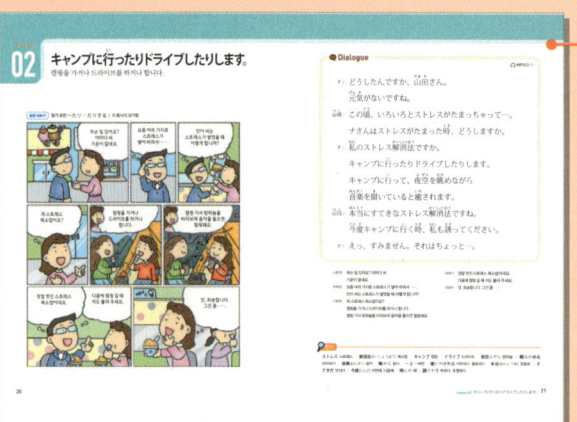

Dialogue

일상생활에서 흔히 접할 수 있는 주제를 중심으로 한 실제 회화로 이루어져 있습니다. 이 본문 회화에는 우리가 반드시 알아야 할 기초 문법과 어휘가 들어 있어서 자연스럽게 어휘, 문법, 회화를 동시에 익힐 수 있습니다. 무엇보다 처음 접하는 본문의 어려움을 최소화하기 위해서 본문 내용을 만화로 보여줌으로써 보다 재미있고 쉽게 공부할 수 있도록 배려하였습니다.

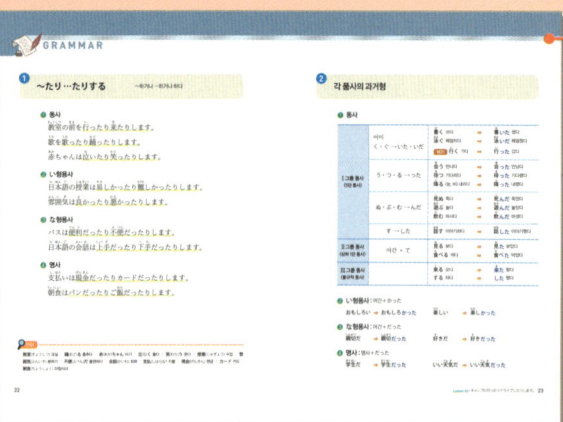

Grammar

문법과 문형 파트에선 Dialogue에 나온 기초 문법을 보다 더 체계적이고 꼼꼼하게 학습할 수 있도록 예문을 제시하되 중요 문법인 경우 각 품사별 문형을 보여줌으로써 정확한 문법의 이해를 돕고 있습니다. 새로운 단어의 경우 어휘 풀이를 넣어 스스로 예문을 해석할 수 있도록 하였습니다.

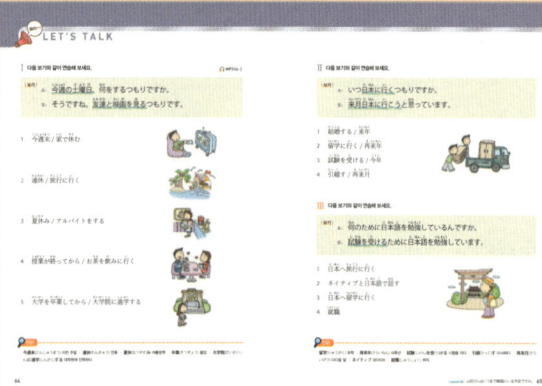

Let's Talk

이 교재의 가장 큰 특징 중의 하나는 본문과 문법 파트를 통해 익힌 문법과 회화 감각을 최대한 길러 주는 회화 연습이 풍부하다는 것입니다. 대부분의 일본어 기초 교재가 단순한 문형 연습에 그친 것에 반해 이 책의 회화 연습 코너는 쉽고 재미있는 문제를 풍부하게 제공하고 있어 단시간에 문법과 회화를 자신의 것으로 만들 수 있는 장점이 있습니다. 또한 연습 문제를 청취 연습으로도 활용할 수 있게 함으로써 소홀해지기 쉬운 청취 부분을 더욱 강화하였습니다. 이를 통해 말하고 듣는 훈련 과정을 최대한 쉽게 소화해 낼 수 있도록 하였습니다.

うきうき
우 키 우 키 일 본 어

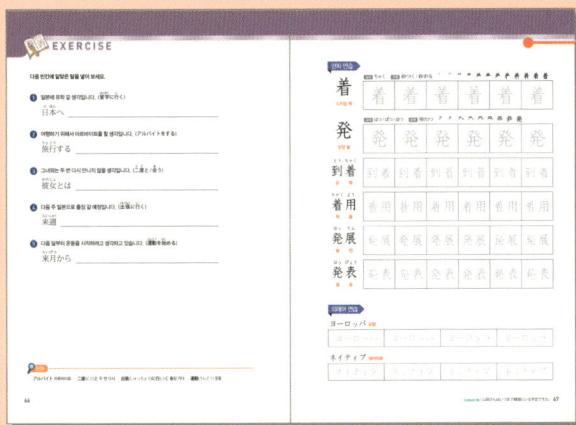

Exercise

각 과마다 작문 문제를 5개씩 담았습니다. 각 과에서 학습한 주요 문법을 활용하여 기초적인 표현을 다시 짚어 봄으로써 읽고 말하고 듣고 쓸 수 있는 능력을 기를 수 있도록 하였습니다.

일본어 한자의 음독·훈독을 확인하고 쓰기 연습을 함으로써, 한자에 대한 기초 실력을 처음부터 탄탄히 쌓아갈 수 있도록 하였습니다. 난이도는 일본어능력시험 N3~N4 정도의 수준을 기준으로 하여 시험에도 자주 출제되는 중요하고 기초적인 한자입니다.

외래어 역시 최근에 들어서는 그 중요성이 더욱 강조되고 있는 만큼 1과~9과까지는 3개씩, 10과~18과까지는 2개씩 수록하여 외래어를 확실하게 익힐 수 있습니다.

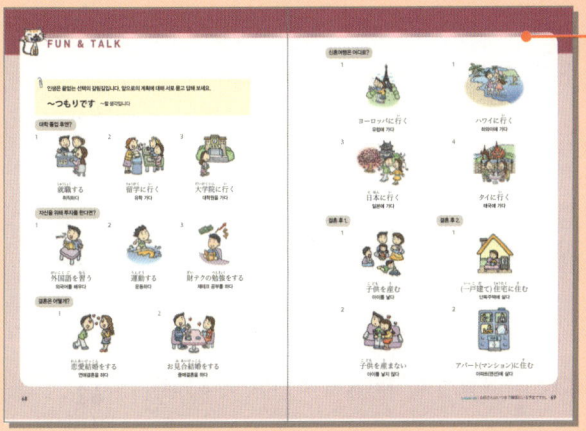

Fun & Talk

마지막 파트에는 게임처럼 즐기며 자유롭게 회화를 할 수 있는 코너입니다. 이는 일반적으로 한인 회화 연습 시간에 사용되는 게임식 회화 자료로서, 기초 문법과 회화 연습을 마친 학습자의 경우 충분히 활용해 볼 수 있는 코너입니다. 이 코너를 통해 상황에 맞는 유창한 일본어 회화 실력을 재미있게 키워 나갈 수 있을 것입니다.

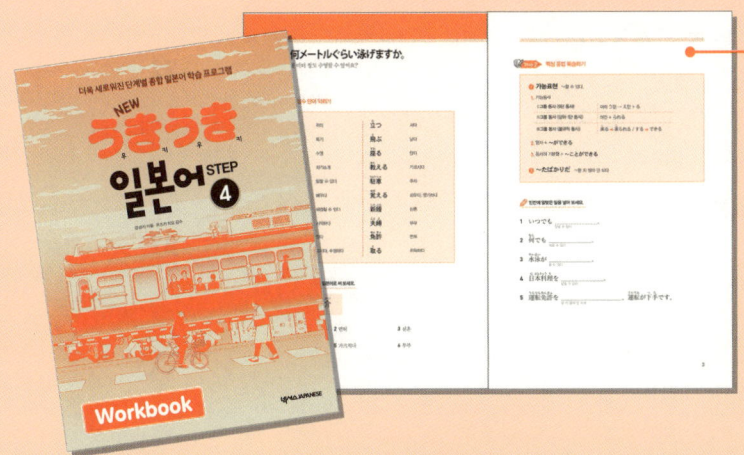

Workbook

각 Lesson에서 배운 단어, 문법, 회화 표현을 확인할 수 있도록 워크북을 별책으로 제공합니다. 문제를 풀면서 실력을 확인해 보세요.

차례

LESSON 01 何メートルぐらい泳げますか。 몇 미터 정도 수영할 수 있어요? ... 10
가능 표현 | ~たばかりだ

LESSON 02 新入社員の中にすごい人がいるらしいですよ。 신입사원 중에 굉장한 사람이 있는 것 같아요. ... 20
~らしい | ~ようだ

LESSON 03 おいしそうなお寿司が回っていますね。 맛있어 보이는 초밥이 돌아가고 있네요. ... 32
~てみる | ~てある | ~ところだ | 자동사와 타동사 | 상태를 나타내는 두 가지 표현

LESSON 04 お母様にさしあげる誕生日プレゼントですか。 어머니에게 드릴 생신 선물 말이에요? ... 42
수수동사 | 보조 수수동사

LESSON 05 普通どんな教育を受けさせますか。 보통 어떤 교육을 받게 합니까? ... 52
사역 표현 | 동사의 사역형

LESSON 06 ご両親に叱られても仕方がないですね。 부모님에게 야단맞아도 어쩔 수 없네요. ... 62
동사의 수동형 | 수동형의 여러 가지 쓰임

LESSON 07 部長に残業を押しつけられてしまいました。 부장님이 잔업을 떠맡겨 버렸습니다. ... 72
~させられる | ~ばかり

LESSON 08 今回の書類をファックスでお送り致しました。 이번 서류를 팩스로 보냈습니다. ... 82
경어 표현

해석 및 정답 ... 96

더욱 새로워진 단계별 종합 일본어 학습 프로그램

NEW うきうき 일본어

うきうき
우 키 우 키

LESSON 01

何メートルぐらい泳げますか。
몇 미터 정도 수영할 수 있어요?

표현 익히기 가능동사 / 〜(ことが)できる / 〜たばかりだ

💬 Dialogue

🎧 MP3 01-1

姜：「趣味 – 音楽・映画 / 特技 – 日本語・中国語・水泳」

山田：姜さん、一生懸命何を書いていますか。

姜：まあ〜、ちょっと。自己紹介のために。

山田：わあ〜、姜さんすごいですね。中国語もできるんですか。

姜：へへ、ちょっと話せるぐらいです。3ヶ月ぐらい習いました。

山田：お、それに水泳が上手なんですね。
何メートルぐらい泳げますか。

姜：それが…、先月から水泳を始めたばかりで、
50メートルぐらいは泳げますが…。

山田：えー。じゃ、この自己紹介ちょっと信じられませんね。

姜：分かりましたよ。今すぐ直しますよ。
「趣味 – お酒・歌・踊り / 特技 – 無し」
これでいいですか。

강한척 : '취미 – 음악·영화 / 특기 – 일본어·중국어·수영'

야마다 : 한척 씨, 무엇을 열심히 쓰고 있습니까?

강한척 : 뭐, 좀. 자기소개 때문에.

야마다 : 와~, 한척 씨 대단하네요. 중국어도 할 줄 아세요?

강한척 : 헤헤, 조금 말할 수 있을 정도입니다. 3개월 정도 배웠습니다.

야마다 : 아, 또 수영을 잘하는군요. 몇 미터 정도 수영할 수 있어요?

강한척 : 그게…, 지난달부터 수영을 배우기 시작해서 50미터 정도는 갈 수 있는데요.

야마다 : 아…. 그럼, 이 자기소개는 좀 믿을 수 없겠네요.

강한척 : 알았어요. 지금 바로 고칠게요.
'취미 – 술·노래·춤 / 특기 – 없음'
이제 됐나요?

🔍 단어

趣味(しゅみ) 취미 | 特技(とくぎ) 특기 | 水泳(すいえい) 수영 | 自己紹介(じこしょうかい) 자기소개 | 〜のために 〜때문에 | すごい 굉장하다 | できる 가능하다, 할 수 있다 | 話(はな)せる 말할 수 있다 | 習(なら)う 배우다 | メートル 미터 | 泳(およ)げる 헤엄칠 수 있다 | 始(はじ)める 시작하다 | 〜たばかり 막 〜함 | 信(しん)じる 믿다 | 直(なお)す 고치다, 수정하다 | 踊(おど)り 춤 | 無(な)し 없음

GRAMMAR

1 가능 표현

1. 가능동사

Ⅰ그룹 동사 (5단 동사)	う단 → え단 + る	会う 書く 急ぐ 話す 立つ 死ぬ 飛ぶ 読む 座る	➡ 会える ➡ 書ける ➡ 急げる ➡ 話せる ➡ 立てる ➡ 死ねる ➡ 飛べる ➡ 読める ➡ 座れる
Ⅱ그룹 동사 (상하 1단 동사)	어간 + られる	着る 見る 教える 覚える	➡ 着られる ➡ 見られる ➡ 教えられる ➡ 覚えられる
Ⅲ그룹 동사 (불규칙 동사)		来る する	➡ 来られる ➡ できる

단어

急(いそ)ぐ 서두르다 | 立(た)つ 서다 | 飛(と)ぶ 날다 | 座(すわ)る 앉다 | 着(き)る 입다 | 教(おし)える 가르치다 | 覚(おぼ)える 외우다, 암기하다

2. 명사 + ～ができる

日本語ができます。
水泳ができます。

3. 동사의 기본형 + ～ことができる

日本料理を作ることができます。
英語でレポートを書くことができます。

② ～たばかりだ　　　～한 지 얼마 안 되다

この前引越したばかりです。
結婚したばかりの新婚夫婦です。
運転免許を取ったばかりで、まだ運転が下手です。

引越(ひっこ)す 이사하다　|　新婚夫婦(しんこんふうふ) 신혼부부　|　運転免許(うんてんめんきょ) 운전면허　|　取(と)る 따다, 취득하다

LET'S TALK

Ⅰ 다음 보기와 같이 연습해 보세요.　　　　　　　　　　　🎧 MP3 01-2

보기

英語でレポートを書くことができます。
➡ 英語でレポートが書けます。

この病気は治すことができません。
➡ この病気は治せません。

1　いつでも海外へ行くことができます。

2　郵便局で特産物を買うことができます。

3　コンビニで小包を送ることができます。

4　この漢字は難しくて読むことができません。

5　サイズが小さくて着ることができません。

🔍 단어

病気(びょうき) 병 | 治(なお)す 고치다 | 郵便局(ゆうびんきょく) 우체국 | 特産物(とくさんぶつ) 특산물 | 小包(こづつみ) 소포 | 送(おく)る 보내다 | 漢字(かんじ) 한자 | サイズ 사이즈

Ⅱ 다음 보기와 같이 연습해 보세요.

| 보기 |
A: この漢字が読めますか。
B: はい、読めます。/ いいえ、読めません。

1 ギターを弾く / はい
2 自転車に乗る / はい
3 日本語で説明する / いいえ

Ⅲ 다음 보기와 같이 연습해 보세요.

| 보기 |
この前、車を買いました。
➡ 車を買ったばかりです。

1 10分前、授業が始まりました。
2 今朝からジョギングを始めました。
3 昨日、店をオープンしました。
4 一週間前、就職しました。
5 先月、開業しました。

단어

ギター 기타 | **弾(ひ)く** 연주하다, 치다 | **自転車**(じてんしゃ) 자전거 | **授業**(じゅぎょう) 수업 | **ジョギング** 조깅 | **オープン** 오픈 | **就職**(しゅうしょく) 취직 | **開業**(かいぎょう) 개업

EXERCISE

다음 빈칸에 알맞은 말을 넣어 보세요.

① 휴대폰으로 송금할 수 있습니다. (送金)

ケータイで _____

② 여기에는 주차할 수 없습니다. (駐車)

ここには _____

③ 내용이 많아 전부 외울 수 없습니다. (覚える)

内容が _____

④ 얼마 전에 산 카메라입니다. (買う)

この前 _____

⑤ 일본어 공부를 시작한 지 얼마 되지 않아 아직 서툽니다. (始める / 下手だ)

日本語の _____

단어

ケータイ 휴대폰 | 送金(そうきん) 송금 | 駐車(ちゅうしゃ) 주차 | 内容(ないよう) 내용 | 覚(おぼ)える 외우다, 암기하다 | この前(まえ) 얼마 전, 며칠 전 | ~たばかりだ ~한 지 얼마 안 되다 | まだ 아직

한자 연습

習 익힐 습
- 음독 しゅう 훈독 習(なら)う
- 筆順: フ ヨ ヨ ヨ ヨヨ ヨヨ ヨヨ 習 習 習

開 열 개
- 음독 かい 훈독 開(あ)く / 開(あ)ける / 開(ひら)く
- 筆順: 一 ｢ ｢ ｢ ｢ 門 門 門 問 問 開 開

練習 연습 / れんしゅう

復習 복습 / ふくしゅう

開店 개점 / かいてん

開発 개발 / かいはつ

외래어 연습

ジョギング 조깅

オープン 오픈

FUN & TALK

 여러분은 다음 중에서 무엇을 할 수 있나요?

英語
영어

日本語
일본어

中国語
중국어

フランス語
프랑스어

ドイツ語
독일어

スペイン語
스페인어

りょうり
料理
요리

サッカー
축구

やきゅう
野球
야구

バスケットボール
농구

スキー
스키

ゴルフ
골프

テニス
테니스

テコンドー
태권도

すいえい
水泳
수영

LESSON 02
新 にゅうしゃいん の 中 に すごい 人 が いるらしいですよ。

신입사원 중에 굉장한 사람이 있는 것 같아요.

💬 Dialogue

🎧 MP3 02-1

姜：ビッグニュース！ スクープ！
　　今度の新入社員の中にすごい人がいるらしいですよ。

田中：え、どんな人ですか。

姜：噂ではうちの会長のおじょう様で
　　イギリスの名門大学出身だそうです。

田中：へえ〜、すごいですね。

姜：経営授業のために入社したんでしょうね。
　　とうとう運命の人に出会えるようないい予感！

田中：ハハ。まるでドラマのような話ですね。
　　　とにかく頑張ってください。

강한척： 빅 뉴스예요! 특종!
　　　　이번 신입사원 중에 굉장한 사람이 있는 것 같아요.
다나카： 어떤 사람이에요?
강한척： 소문으로는 우리 회장님 따님인데
　　　　영국 명문대 출신이라고 해요.
다나카： 와〜, 굉장하네요.

강한척： 경영 수업을 위해 입사했겠죠?
　　　　드디어 운명의 사람을 만날 수 있을 것 같은 좋은 예감!
다나카： 하하. 마치 드라마 같은 이야기네요.
　　　　아무튼 힘내세요.

🔍 단어

ビッグニュース 빅 뉴스 | スクープ 특종 | 新入社員(しんにゅうしゃいん) 신입사원 | 今度(こんど) 이번 | 〜らしい 〜인 것 같다 | すごい 굉장하다 | 人(ひと) 사람 | どんな 어떤 | 噂(うわさ) 소문 | 会長(かいちょう) 회장 | おじょう様(さま) 따님 | イギリス 영국 | 名門(めいもん) 명문 | 出身(しゅっしん) 출신 | たぶん 아마 | 経営(けいえい) 경영 | 授業(じゅぎょう) 수업 | 〜ために 위해서 | 入社(にゅうしゃ) 입사 | とうとう 드디어, 마침내 | 運命(うんめい) 운명 | 出会(であ)う 만나다, 해후하다 | 予感(よかん) 예감 | まるで 마치 | ドラマ 드라마 | とにかく 아무튼 | 頑張(がんば)る 힘내다

Lesson 02 | 新入社員の中にすごい人がいるらしいですよ。 21

GRAMMAR

1 ～らしい　　　　　　　　　　～인 것 같다

1. 추측의 조동사　　　　　　　　～인 것 같다

❶ **동사** : る / ている / た

明日出張に行くらしいです。
結婚しているらしいです。
試験に落ちたらしいです。

❷ **い형용사** : い / かった

お金がないらしいです。
試験は大変難しかったらしいです。

❸ **な형용사** : 어간 / だった

いろいろと心配らしいです。
パーティーはとても賑やかだったらしいです。

❹ **명사** : 명사 / だった

彼女は山田さんの恋人らしいです。
前の会社の同僚だったらしいです。

2. 접미어(명사+らしい)　　　　　～답다, ～다운

子供らしい子供が好きです。
君らしくないね。

단어

出張(しゅっちょう) 출장 | 試験(しけん) 시험 | 賑(にぎ)やかだ 번잡하다, 북적거리다 | 恋人(こいびと) 연인 | 同僚(どうりょう) 동료 |
君(きみ) 자네, 너

② 〜ようだ　　　　　　　　〜인 것 같다

1. 추측의 조동사

❶ 동사 : る / ている / た

誰(だれ)か好(す)きな人(ひと)がいるようです。

なんだか秘密(ひみつ)を知(し)っているようです。

恋人(こいびと)にふられたようです。

❷ い형용사 : い / かった

気分(きぶん)が悪(わる)いようです。

時間(じかん)がなかったようです。

❸ な형용사 : −な / だった

この頃(ごろ)暇(ひま)なようです。

彼女(かのじょ)のことが好(す)きだったようです。

❹ 명사 : −の / だった

あの指輪(ゆびわ)はペアーリングのようです。

すごいショックだったようです。

秘密(ひみつ) 비밀　│　ふられる 차이다　│　指輪(ゆびわ) 반지　│　ペアーリング 커플링(pair ring)　│　ショック 쇼크

GRAMMAR

2. 비유

❶ 명사 + のようだ　　　　~인 것 같다

あの二人はまるで兄弟のようです。

日本語がペラペラで日本人のようです。

❷ ~ような (명사 수식형)　　　~같은

彼女はお城のような家に住んでいます。

私にはまるで夢のような話です。

❸ ~ように (부사형)　　　~같이, ~처럼

人形のようにかわいい赤ちゃんですね。

鳥のように空を飛びたいです。

まるで 마치 | **ペラペラ** 술술(말을 거침없이 하는 모양) | **お城**(しろ) 성 | **住**(す)**む** 살다 | **夢**(ゆめ) 꿈 | **人形**(にんぎょう) 인형 | **鳥**(とり) 새 | **空**(そら) 하늘 | **飛**(と)**ぶ** 날다

LET'S TALK

Ⅰ 다음 보기와 같이 연습해 보세요.　　　　　　　　　　🎧 MP3 02-2

> |보기|
> A: 彼女、元気ないですね。
> B: このごろ仕事で大変らしいです。

1　A: 彼、とてもうれしそうですね。
　　B: (明日から一週間海外旅行に行く)

2　A: 彼女、とてもうれしそうですね。
　　B: (試験に受かった)

3　A: あの店はいつも混んでいますね。
　　B: (料理がとてもおいしい)

4　A: 彼、元気ないですね。
　　B: (両親のことが心配だ)

5　A: あの人は誰ですか。
　　B: (金さんの恋人)

🔍 단어

大変(たいへん)だ 큰일이다, 힘들다 | うれしい 기쁘다 | 海外(かいがい) 해외 | 旅行(りょこう)に行(い)く 여행을 가다 | 試験(しけん)に受(う)かる 시험에 합격하다 | 混(こ)む 붐비다

LET'S TALK

II 다음 보기와 같이 연습해 보세요.

보기
A: 隣の教室はとても静かですね。 B: そうですね。誰もいないようです。

1　A: 具合いはどうですか。
　　B: (ちょっと熱がある)

2　A: 味はどうですか。
　　B: (ちょっと辛い)

3　A: この服はどうですか。
　　B: (ちょっと派手だ)

4　A: あの人は誰ですか。
　　B: (大学時代の友達)

 단어

隣(となり) 이웃, 옆 | 教室(きょうしつ) 교실 | 静(しず)かだ 조용하다 | 具合(ぐあ)い 상태, 형편 | 熱(ねつ) 열 | 味(あじ) 맛 | 辛(から)い 맵다 | 派手(はで)だ 화려하다 | 大学時代(だいがくじだい) 대학시절

Ⅲ 다음 보기와 같이 연습해 보세요.

| 보기 |
お城/すてきだ
→ まるでお城のようにすてきですね。

1　日本人 / 日本語を話す

2　歌手 / 歌が上手だ

3　シェフ / おいしい料理を作る

4　アナウンサー / 発音がいい

5　専門家 / よく知っている

🔍 단어
まるで 마치 | **お城**(しろ) 성, 궁궐 | **すてきだ** 멋지다 | **おいしい** 맛있다 | **料理**(りょうり) 요리 | **作**(つく)る 만들다 | **アナウンサー** 아나운서 | **発音**(はつおん) 발음 | **専門家**(せんもんか) 전문가 | **よく知**(し)る 잘 알다

EXERCISE

다음 빈칸에 알맞은 말을 넣어 보세요.

❶ 요즘 일본에서 한국 드라마가 인기가 있는 것 같습니다. (人気がある)

　　この頃 _____

❷ 이 노래는 일본에서도 유명한 것 같습니다. (有名だ)

　　この歌は _____

❸ 이 김치가 더 매운 것 같습니다. (辛い)

　　このキムチが _____

❹ 그녀는 마치 모델처럼 예쁩니다. (きれいだ)

　　彼女は _____

❺ 마치 장난감 같은 카메라입니다. (おもちゃ)

　　まるで _____

단어

ドラマ 드라마 ｜ キムチ 김치 ｜ もっと 더, 더욱 ｜ おもちゃ 장난감

한자 연습

住 살 주
- 음독: じゅう
- 훈독: 住(すむ) / 住(すまい)
- 筆順: ノ 亻 亻 仁 住 住

味 맛 미
- 음독: み
- 훈독: 味(あじ)
- 筆順: 丨 ㄇ ㅁ 口 咊 味 味

| じゅうしょ 住所 주 소 | 住所 | 住所 | 住所 | 住所 | 住所 | 住所 |

| じゅうみん 住民 주 민 | 住民 | 住民 | 住民 | 住民 | 住民 | 住民 |

| いみ 意味 의 미 | 意味 | 意味 | 意味 | 意味 | 意味 | 意味 |

| しゅみ 趣味 취 미 | 趣味 | 趣味 | 趣味 | 趣味 | 趣味 | 趣味 |

외래어 연습

ペアーリング 커플링

| ペアーリング | ペアーリング | ペアーリング | ペアーリング |

ショック 쇼크

| ショック | ショック | ショック | ショック |

FUN & TALK

강한척 씨가 소개팅에 나갔습니다. 다음 그림을 보면서 어떤 상황인지 추측해 보세요

1

相手(あいて)が遅(おく)れるらしい
상대방이 늦는 것 같다

待(ま)っているらしい
기다리고 있는 것 같다

2

気(き)に入(い)ったらしい
마음에 드는 것 같다

気(き)に入(い)らないらしい
마음에 들지 않는 것 같다

3

料理(りょうり)がおいしいらしい
음식이 맛있는 것 같다

料理(りょうり)がおいしくないらしい
음식이 맛없는 것 같다

4

デートが楽しいらしい
데이트가 즐거운 것 같다

デートが面白くないらしい
데이트가 재미없는 것 같다

5

困っているらしい
곤란해하는 것 같다

お金がないらしい
돈이 없는 것 같다

6

失望したらしい
실망한 것 같다

二度と会わないつもりらしい
다시 만나지 않을 생각인 것 같다

LESSON 03

おいしそうなお寿司が回っていますね。

맛있어 보이는 초밥이 돌아가고 있네요.

💬 Dialogue

🎧 MP3 03-1

山田：ナさん、新しくできた回転寿司屋に一緒に行きませんか。

ナ：いいですね。私もちょうど一度行ってみたいと思っていたところです。仕事が終わった後さっそく行ってみましょう。

(회전 초밥집)

ナ：わあ～、おいしそうなお寿司がたくさん回っていますね。

山田：このお店はインテリアや雰囲気もまったく日本のお店みたいです。

ナ：そうですね。レジの前に招き猫が置いてあるのも日本と同じですね。

山田：ナさんはお寿司を食べる時、順番が決まっていますか。必ず一番最初に食べる寿司があるとか。自分なりのルール。

ナ：当たり前ですよ。気にしないでおいしく食べましょう。

야마다: 민아 씨, 새로 생긴 회전 초밥집에 같이 안 갈래요?
나민아: 좋아요. 저도 마침 한번 가 보고 싶다고 생각하고 있던 참이에요. 일이 끝난 후에 바로 가 보죠.
(회전 초밥집)
나민아: 와~, 맛있어 보이는 초밥이 많이 돌아가고 있네요.
야마다: 이 가게는 인테리어나 분위기도 완전히 일본 가게 같아요.

나민아: 그러네요. 계산대 앞에 고양이 장식이 놓여 있는 것도 일본과 같네요.
야마다: 민아 씨는 초밥을 먹을 때 순서가 정해져 있나요? 맨 처음 먹는 초밥이 있다던가. 자기 나름의 룰.
나민아: 당연하죠. 신경 쓰지 마시고 맛있게 먹죠.

🔍 단어

新(あたら)しく 새롭게 | できる 생기다 | 回転寿司屋(かいてんずしや) 회전 초밥집 | 一緒(いっしょ)に 함께, 같이 | ちょうど 마침 | 一度(いちど) 한번 | ～てみたい ~해 보고 싶다 | ～たところ ~했던 참 | 仕事(しごと) 업무 | 終(お)わる 끝나다 | 後(あと) 후 | さっそく 바로 | おいしい 맛있다 | お寿司(すし) 초밥 | たくさん 많이 | 回(まわ)る 돌다 | お店(みせ) 가게 | インテリア 인테리어 | ～や ~이랑 | 雰囲気(ふんいき) 분위기 | まったく 완전히 | レジ 계산대 | 招(まね)き猫(ねこ) 마네키네코(고양이 장식) | 置(お)く 두다, 놓다 | 同(おな)じだ 같다 | 順番(じゅんばん) 순서 | 決(き)まる 정해지다 | 必(かなら)ず 반드시 | 一番(いちばん) 가장, 제일 | 最初(さいしょ) 맨 처음 | ～とか ~라든가 | 自分(じぶん)なり 자기나름 | ルール 룰 | 当(あ)たり前(まえ) 당연함 | 気(き)にしないで 신경 쓰지 말고

Lesson 03 | おいしそうなお寿司が回っていますね。 33

GRAMMAR

1 〜てみる　　　〜해 보다

日本の料理を作ってみました。
彼女と一度話してみたいです。
日本に行ってみたいと思っています。

2 〜てある　　　〜해 있다 (타동사 행위가 완료된 상태)

住所が書いてあります。
人形が置いてあります。
駐車場に車が止めてあります。

3 〜ところだ　　　〜참이다

今からご飯を食べるところです。
ご飯を食べているところです。
今、ご飯を食べたところです。

단어

料理(りょうり)を作(つく)る 요리를 만들다 | 一度(いちど) 한 번 | 住所(じゅうしょ) 주소 | 人形(にんぎょう) 인형 | 置(お)く 놓다 | 駐車場(ちゅうしゃじょう) 주차장 | 止(と)める 세우다 | ご飯(はん) 밥

④ 자동사와 타동사

자동사	타동사
-aる	-eる
始まる 시작되다	始める 시작하다
終わる 끝나다	終える 끝내다
決まる 정해지다	決める 정하다
止まる 멈추다	止める 세우다
閉まる 닫히다	閉める 닫다
かかる 걸리다	かける 걸다
上がる 오르다	上げる 올리다
下がる 내리다	下げる 내리다
集まる 모이다	集める 모으다
-る	-す
起きる 일어나다	起す 일으키다
出る 나가다, 나오다	出す 꺼내다
落ちる 떨어지다	落す 떨어뜨리다
消える 꺼지다	消す 끄다
-	-eる
開く 열리다	開ける 열다
つく 붙다	つける 붙이다
並ぶ 늘어서다	並べる 나란히 세우다
入る 들어가다, 들어오다	入れる 넣다

GRAMMAR

5 상태를 나타내는 두 가지 표현

자동사 + ている	타동사 + てある	
ドアが開いている	ドアが開けてある	문이 열려 있다
ドアが閉まっている	ドアが閉めてある	문이 닫혀 있다
電気がついている	電気がつけてある	전기가 켜져 있다
電気が消えている	電気が消してある	전기가 꺼져 있다
車が止っている	車が止めてある	차가 멈춰 있다
お金が入っている	お金が入れてある	돈이 들어 있다
カギがかかっている	カギがかけてある	열쇠가 잠겨 있다

消(け)す 끄다 | 止(と)める 멈추다, 서다 | カギ 열쇠

LET'S TALK

I 다음 보기와 같이 연습해 보세요. 🎧 MP3 03-2

> |보기|
> テーブルの上に花瓶を置きました。
> ➡ テーブルの上に花瓶が置いてあります。

1 ノートに名前を書きました。
   ➡ _____

2 コーヒーに砂糖を入れました。
   ➡ _____

3 ドアにカギをかけました。
   ➡ _____

4 レストランの予約をしました。
   ➡ _____

5 窓を開けました。
   ➡ _____

🔍 **단어**

花瓶(かびん)を置(お)く 꽃병을 놓다 | **名前(なまえ)を書(か)く** 이름을 쓰다 | **砂糖(さとう)を入(い)れる** 설탕을 넣다 | **カギをかける** 열쇠를 잠그다 | **レストラン** 레스토랑 | **予約(よやく)** 예약

LET'S TALK

Ⅱ 다음 그림을 보면서 연습해 보세요.

| 보기 |
ドアは開いていますか。
➡ はい、ドアは開けてあります。

1 電気はついていますか。

➡ はい、＿＿＿＿＿＿＿＿＿＿＿＿＿＿＿。

2 窓は閉まっていますか。

➡ はい、＿＿＿＿＿＿＿＿＿＿＿＿＿＿＿。

3 絵はかかっていますか。

➡ はい、＿＿＿＿＿＿＿＿＿＿＿＿＿＿＿。

4 テレビは消えていますか。

➡ はい、＿＿＿＿＿＿＿＿＿＿＿＿＿＿＿。

5 机の上に本は出ていますか。

➡ はい、＿＿＿＿＿＿＿＿＿＿＿＿＿＿＿。

🔍 단어

電気(でんき) 전기, 불 | **窓**(まど) 창문 | **消**(き)**える** 꺼지다

EXERCISE

다음 빈칸에 알맞은 말을 넣어 보세요.

① 기모노를 한번 입어 보고 싶습니다. (着る)

　　着物 _____

② 집 앞에 차가 세워져 있습니다. (止める)

　　家の前に _____

③ 깨끗이 청소되어 있습니다. (掃除)

　　きれいに _____

④ 책상 위에 편지가 놓여 있습니다. (置く)

　　机の上に _____

⑤ 지금 음악을 듣고 있는 참입니다. (聞く)

　　今 _____

단어

着物(きもの) 기모노 | 掃除(そうじ) 청소 | 手紙(てがみ) 편지 | 置(お)く 두다, 놓다 | 音楽(おんがく) 음악

EXERCISE

한자 연습

所 바 소
- 음독: しょ
- 훈독: ところ
- 필순: 一 ㄱ ㅋ 戸 戸 所 所 所

所 所 所 所 所 所

割 나눌 할
- 음독: かつ
- 훈독: わり / 割(わ)る / 割(さ)く
- 필순: 丶 宀 宀 宀 宇 宇 宝 実 害 害 割 割

割 割 割 割 割 割

長所 (ちょうしょ) 장점

長所 長所 長所 長所 長所 長所

分割 (ぶんかつ) 분할

分割 分割 分割 分割 分割 分割

割引 (わりびき) 할인

割引 割引 割引 割引 割引 割引

役割 (やくわり) 역할

役割 役割 役割 役割 役割 役割

외래어 연습

ページ 페이지

| ページ | ページ | ページ | ページ |

ガイド 가이드

| ガイド | ガイド | ガイド | ガイド |

ホテル 호텔

| ホテル | ホテル | ホテル | ホテル |

FUN & TALK

원한을 가진 강도가 침입하여 집을 엉망으로 만들어 놓았습니다.
집안의 상태를 일본어로 표현해 보세요.

ドアを開ける → ドアが開けてあります

窓を割る
창문을 깨다

電気をつける
전깃불을 켜다

引き出しを開ける
서랍을 열다

いすを倒す
의자를 넘어뜨리다

花瓶を落す
꽃병을 떨어뜨리다

カーペットに足跡を残す
카펫에 발자국을 남기다

Lesson 03 | おいしそうなお寿司が回っていますね。 41

LESSON 04

お母様にさしあげる誕生日プレゼントですか。
어머니께 드릴 생신 선물 말이에요?

💬 Dialogue

🎧 MP3 04-1

山田：ナさん、来週の木曜日は母の誕生日なんですけど、
　　　プレゼントに何がいいでしょうか。

ナ：お母様にさしあげる誕生日プレゼントですか。
　　さあ～、何がいいでしょうね。
　　私の場合はいつも現金をあげていますけど。

山田：ご両親に現金を？　目上の人に大丈夫ですか。
　　　日本ではあまり…。お金をあげるのは失礼なようで…。

ナ：そうですか。韓国では場合によって違いますけど、
　　普通は喜んで受けとってくれますよ。

山田：そうですか。

야마다: 민아 씨, 다음 주 목요일은 어머니 생신인데,
　　　　선물로 무엇이 좋을까요?
나민아: 어머니께 드릴 생신 선물 말이에요?
　　　　글쎄요. 뭐가 좋을까요?
　　　　저의 경우에는 항상 현금을 드리는데요.

야마다: 부모님께 현금을요? 윗사람에게 괜찮은가요?
　　　　일본에서는 별로……. 돈을 주는 것은 실례인 것 같아서…….
나민아: 그래요? 한국에서는 경우에 따라 다르지만,
　　　　보통은 기쁘게 받아 줍니다.
야마다: 그렇군요.

🔍 단어

プレゼント 선물 | さしあげる 드리다 | さあ 글쎄 | 場合(ばあい) 경우 | 現金(げんきん) 현금 | あげる 주다 | 両親(りょうしん) 부모님 | 目上(めうえ)の人(ひと) 손윗사람 | 大丈夫(だいじょうぶ)だ 괜찮다 | 失礼(しつれい)だ 실례이다 | ～によって ～에 따라 | 違(ちが)う 다르다 | 普通(ふつう) 보통 | 喜(よろこ)ぶ 기뻐하다 | 受(う)けとる 받다

GRAMMAR

1 수수동사

1 もらう (친구, 손아랫사람에게서) 받다
いただく (손윗사람으로부터) 받다

恋人(こいびと)に[から]指輪(ゆびわ)をもらいました。
妹(いもうと)に[から]誕生日(たんじょうび)プレゼントをもらいました。
先生(せんせい)に[から]手紙(てがみ)をいただきました。

2 やる (나→동물, 식물, 손아랫사람에게) 주다
あげる (나→친구 / 남→남) 주다
さしあげる (나, 남→손윗사람) 드리다

花(はな)に水(みず)をやります。
友達(ともだち)に辞書(じしょ)をあげます。
先生(せんせい)にお花(はな)をさしあげます。

3 くれる (남, 나의 가족→나) 주다
くださる (손윗사람→나, 나의 가족) 주시다

母(はは)は私(わたし)に小遣(こづか)いをくれました。
彼(かれ)は私(わたし)にコンサートのチケットをくれました。
先生(せんせい)は弟(おとうと)に本(ほん)をくださいました。

단어

指輪(ゆびわ) 반지 | **プレゼント** 선물 | **手紙**(てがみ) 편지 | **水**(みず) 물 | **辞書**(じしょ) 사전 | **小遣**(こづか)**い** 용돈 | **コンサート** 콘서트 | **チケット** 티켓

2 보조 수수동사

**1　～てやる　　　～해 주다
　　～てあげる**

弟(おとうと)に映画(えいが)を見(み)せてやります。

友達(ともだち)に本(ほん)を貸(か)してあげます。

山田(やまだ)さんに友達(ともだち)を紹介(しょうかい)してあげました。

**2　～てくれる　　　～해 주다, 주시다
　　～てくださる**

友達(ともだち)は私(わたし)を慰(なぐさ)めてくれました。

両親(りょうしん)は私(わたし)を信(しん)じてくれません。

先生(せんせい)は親切(しんせつ)に説明(せつめい)してくださいました。

**3　～てもらう　　　(친구, 윗분으로부터) ～해 받다
　　～ていただく**

大変(たいへん)なとき、友達(ともだち)にたくさん助(たす)けてもらいました。

ガイドに観光地(かんこうち)を案内(あんない)してもらいました。

先生(せんせい)に日本(にほん)の歌(うた)を教(おし)えていただきました。

단어

見(み)せる 보여주다 | 貸(か)す 빌려주다 | 紹介(しょうかい)する 소개하다 | 慰(なぐさ)める 위로하다 | 信(しん)じる 믿다 | 助(たす)ける 돕다, 도와주다 | ガイド 가이드, 안내인 | 観光地(かんこうち) 관광지 | 案内(あんない)する 안내하다 | 教(おし)える 가르치다

LET'S TALK

Ⅰ 다음 그림을 보면서 연습해 보세요. 🎧 MP3 04-2

| 보기 | 誕生日のプレゼントに誰から何をもらいましたか。
➡ 私は友達に花をもらいました。

1　父 / 時計

2　母 / かばん

3　恋人 / 指輪

4　親友 / 化粧品

5　先生 / 辞書

단어

親友(しんゆう) 친한 친구 ｜ 化粧品(けしょうひん) 화장품

Ⅱ 다음 그림을 보면서 연습해 보세요.

| 보기 |
A: 中村さんは金さんに何をあげましたか。
B: ケータイをあげました。

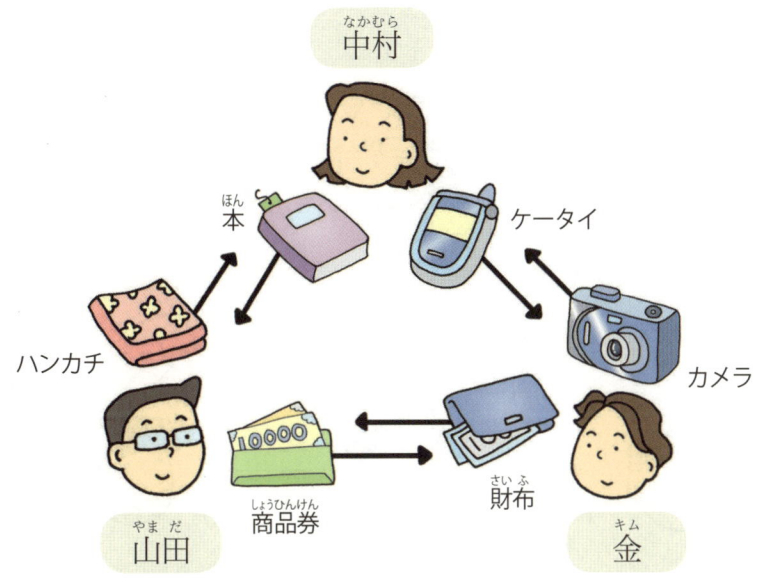

1　中村さん / 山田さん / もらいました
2　山田さん / 金さん / もらいました
3　山田さん / 金さん / あげました
4　金さん / 中村さん / あげました

ハンカチ 손수건 ｜ **カメラ** 카메라 ｜ **商品券**(しょうひんけん) 상품권 ｜ **財布**(さいふ) 지갑

LET'S TALK

Ⅲ 다음 그림을 보면서 연습해 보세요.

> |보기|
> A: 先生はお兄さんに何をしてくださいましたか。
> B: 先生は兄に進学相談をしてくださいました。

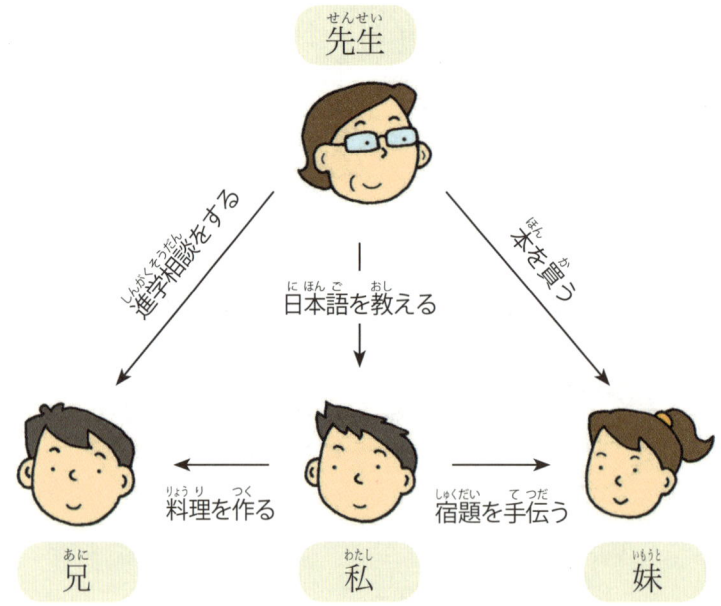

1 先生 / 妹 / 〜てくださいました
2 私 / 先生 / 〜ていただきました
3 私 / 兄 / 〜てあげました
4 私 / 妹 / 〜てやりました

🔍 단어

進学相談(しんがくそうだん) 진학 상담 | **宿題**(しゅくだい) 숙제 | **手伝**(てつだ)**う** 돕다

EXERCISE

다음 빈칸에 알맞은 말을 넣어 보세요.

① 친구로부터 생일 선물을 받았습니다. (誕生日プレゼント)
   友達に _____

② 남동생에게 일본 노래를 가르쳐 주었습니다. (日本の歌を教える)
   弟に _____

③ 친구 리포트를 써 주었습니다. (レポートを書く)
   友達の _____

④ 야마다 씨에게 친구를 소개받았습니다. (友達を紹介する)
   山田さんに _____

⑤ 선생님께서 일본어 사전을 골라 주셨습니다. (辞書)
   先生は _____

🔍 단어 --

紹介(しょうかい)する 소개하다 | 辞書(じしょ) 사전 | 選(えら)ぶ 고르다, 선택하다

EXERCISE

한자 연습

通 통할 통
- 음독: つう
- 훈독: 通(とお)る / 通(とお)す / 通(かよ)う

選 가릴 선
- 음독: せん
- 훈독: 選(えら)ぶ

交通 교통 (こう/つう)

通勤 통근 (つう/きん)

選手 선수 (せん/しゅ)

選挙 선거 (せん/きょ)

외래어 연습

ボタン 버튼

ハンカチ 손수건

FUN & TALK

 그림을 보고 누구에게 무엇을 선물할지를 말해 보세요

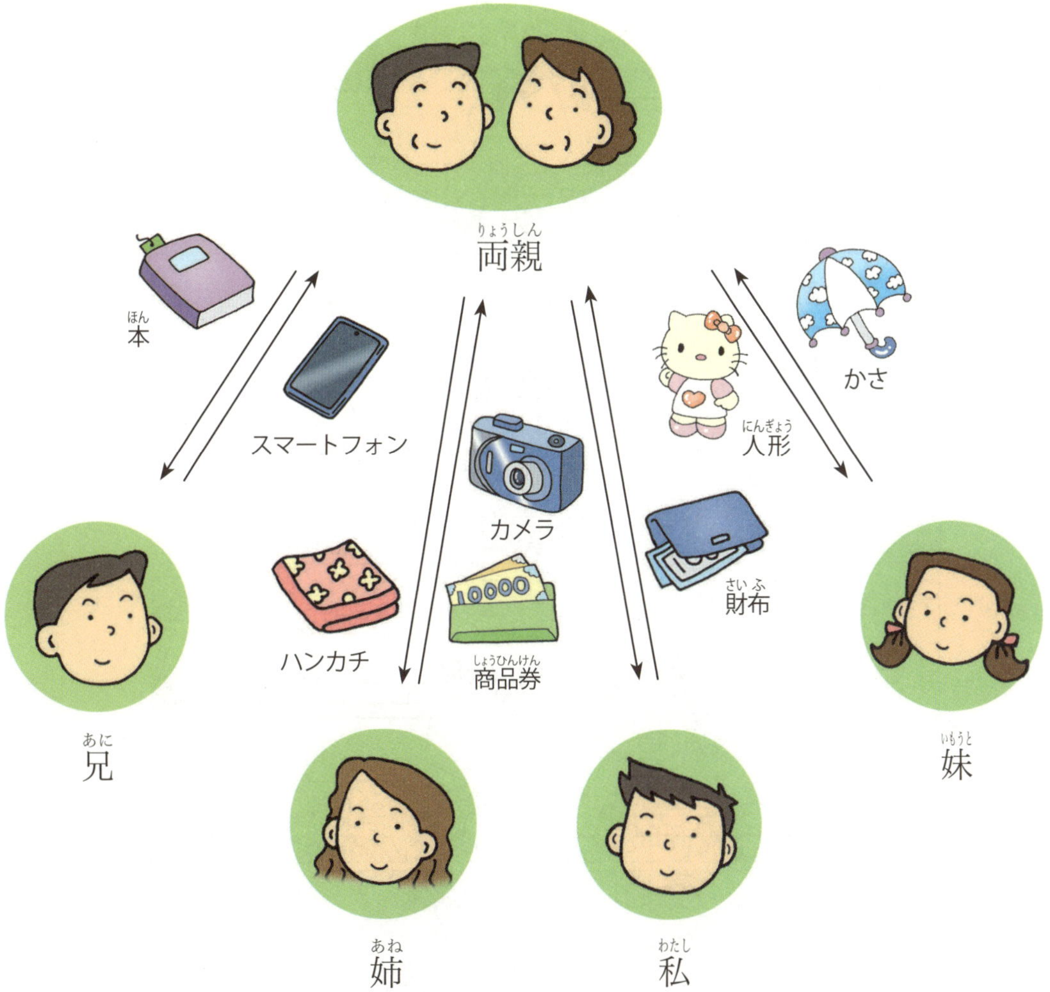

両親(りょうしん)
本(ほん)
スマートフォン
カメラ
人形(にんぎょう)
かさ
ハンカチ
商品券(しょうひんけん)
財布(さいふ)
兄(あに)
姉(あね)
私(わたし)
妹(いもうと)

LESSON 05

普通どんな教育を受けさせますか。

보통 어떤 교육을 받게 합니까?

💬 Dialogue

🎧 MP3 05-1

田中： 姜さん、この間の例の新入社員とは仲よくしていますか。

姜： ハハ。まだ声もかけられなくて。
この頃彼女は新入社員教育でとても忙しいんです。

田中： 社員教育？
韓国の会社では普通どんな教育を受けさせますか。

姜： そうですね。会社によってずいぶん違いますね。
いろいろなプログラムに参加させたり会社の業務を
覚えさせたり。

田中： 姜さんも会社で誰かを教育していますか。

姜： いいえ、やりたいんですけど、任せてくれないんです。

田中： 姜さんの真価を認めてくれる日がきっと来るでしょう。
元気出して。

다나카: 한척 씨, 요전에 얘기한 신입 사원과는 잘 지냅니까?
강한척: 하하. 아직 말도 못 걸어 봤어요.
요즘 그녀는 신입 사원 교육으로 매우 바쁩니다.
다나카: 사원 교육이요?
한국 회사에서는 보통 어떤 교육을 받게 합니까?
강한척: 글쎄요. 회사마다 크게 다릅니다.
여러 가지 프로그램에 참가시키거나 회사업무를 익히게 하거나.
다나카: 한척 씨도 회사에서 누군가를 교육하고 있습니까?
강한척: 아니요, 하고 싶은데 맡겨 주질 않네요.
다나카: 한척 씨의 진가를 인정해 줄 날이 꼭 올 거예요. 힘내세요.

🔍 단어

この間(あいだ) 요전, 지난번 | 例(れい) 예(서로가 알고 있는 사항) | 新入社員(しんにゅうしゃいん) 신입 사원 | 仲(なか)よく 사이좋게 | かける 걸다 | 教育(きょういく) 교육 | 受(う)ける 받다 | ~によって ~에 따라 | ずいぶん 상당히, 꽤 | いろいろな 여러 가지 | プログラム 프로그램 | 参加(さんか)する 참가하다 | 業務(ぎょうむ) 업무 | 覚(おぼ)える 익히다, 외우다 | 任(まか)せる (일을) 맡기다 | やる 하다 | 真価(しんか) 진가 | 認(みと)める 인정하다 | 業務(ぎょうむ) 업무 | ~てくれる ~해 주다 | 元気(げんき)を出(だ)す 힘을 내다

GRAMMAR

1 사역 표현

1. ~させる　　　　　　　　　　~시키다

❶ 자동사

先生は学生を席に座らせます。

お母さんは子供を学校に行かせます。

❷ 타동사

先生は学生に本を読ませます。

お母さんは子供にご飯を食べさせます。

2. 사역형 관련 중요 표현

❶ ~させてください　　　　　~하게 해 주세요

僕にやらせてください。

私を行かせてください。

❷ ~させていただきます　　　~하겠습니다

自己紹介させていただきます。

ご案内させていただきます。

❸ ~させていただけませんか　~해도 될까요?

ここで終わらせていただけませんか。

明日は休ませていただけませんか。

席(せき) 자리 ｜ 座(すわ)る 앉다 ｜ やる 하다 ｜ 自己紹介(じこしょうかい) 자기소개 ｜ 終(お)わる 끝나다 ｜ 休(やす)む 쉬다

2 동사의 사역형

I그룹 동사 (5단 동사)	あ단 + せる	行く 가다	➡	行かせる 가게 하다	
		話す 이야기하다	➡	話させる 이야기하게 하다	
		待つ 기다리다	➡	待たせる 기다리게 하다	
		死ぬ 죽다	➡	死なせる 죽게 하다	
		飛ぶ 날다	➡	飛ばせる 날게 하다	
		読む 읽다	➡	読ませる 읽게 하다	
		帰る 돌아가다	➡	帰らせる 돌아가게 하다	
		예외 会う 만나다	➡	会わせる 만나게 하다	
II그룹 동사 (상하 1단 동사)	어간 + させる	起きる 일어나다	➡	起きさせる 일어나게 하다	
		見る 보다	➡	見させる 보게 하다	
		食べる 먹다	➡	食べさせる 먹게 하다	
III그룹 동사 (불규칙 동사)		来る 오다	➡	来させる 오게 하다	
		する 하다	➡	させる 하게 하다	

LET'S TALK

Ⅰ 다음 그림을 보면서 연습해 보세요.　　　　　　　　　　　　🎧 MP3 05-2

보기	(先生 → 学生)　復習をしてください。
	➡ 先生は学生に復習をさせます。

1　(先生 → 学生)　　　少しずつ漢字を覚えてください。

2　(先生 → 学生)　　　声に出して教科書を読んでください。

3　(先生 → 学生)　　　欠席の理由を説明してください。

4　(先生 → 学生)　　　質問に答えてください。

5　(先生 → 学生)　　　レポートを出してください。

단어

復習(ふくしゅう) 복습 | **少**(すこ)**しずつ** 조금씩 | **声**(こえ)**に出**(だ)**す** 소리 내다 | **教科書**(きょうかしょ) 교과서 | **欠席**(けっせき) 결석 | **理由**(りゆう) 이유 | **質問**(しつもん) 질문 | **答**(こた)**える** 대답하다 | **レポートを出**(だ)**す** 리포트를 제출하다

Ⅱ 다음 그림을 보면서 연습해 보세요.

| 보기 | ちょっと用事があるので、授業を休ませていただけませんか。

1 熱がある / 病院に行く

2 自信がある / やる

3 急用ができた / 早く帰る

4 よく分からない部分がある / 質問する

5 初対面 / 自己紹介する

단어

用事(ようじ) 볼일, 용무 | **急用**(きゅうよう) 급한 볼일 | **部分**(ぶぶん) 부분 | **初対面**(しょたいめん) 첫 대면

다음 빈칸에 알맞은 말을 넣어 보세요.

① 웃기기도 하고 울리기도 합니다. (笑う/泣く)

　　_____

② 일본어로 쓰게도 하고 말하게도 합니다. (書く/話す)

　　日本語で _____

③ 집에 일찍 돌아가게 해 주십시오. (帰る)

　　家に _____

④ 여기서 일하게 해 주십시오. (働く)

　　ここで _____

⑤ 오늘은 일찍 돌아가게 허락해 주시지 않겠습니까? (帰る)

　　今日は _____

단어

早(はや)く 일찍 ｜ 働(はたら)く 일하다

한자 연습

答 대답할 답
- 음독 とう
- 훈독 答(こた)える

調 고를 조
- 음독 ちょう
- 훈독 調(しら)べる / 調(ととの)う / 調(ととの)える

かい とう
回答 회 답

とう あん
答案 답 안

ちょう し
調子 상 태

ちょう さ
調査 조 사

외래어 연습

プログラム **프로그램**

ピアノ **피아노**

Lesson 05 | 普通どんな教育を受けさせますか。

FUN & TALK

만약 여러분에게 아이가 있다면 아이에게 무엇을 시키겠습니까?

～させます

<small>すいえい</small>
水泳
수영

<small>けんどう</small>
剣道
검도

<small>たいそう</small>
体操
체조

バレー
발레

ピアノ
피아노

チェロ
첼로

バイオリン
바이올린

りゅうがく
留学
유학

ほん   よ
本をたくさん読ませる
책을 많이 읽게 하다

おんがく   き
音楽を聞かせる
음악을 듣게 하다

えいご   はな
英語で話させる
영어로 말하게 하다

りょこう い
旅行に行かせる
여행을 가게 하다

LESSON 06

ご両親に叱られても仕方がないですね。

부모님께 야단맞아도 어쩔 수 없네요.

표현 익히기 동사의 수동형 / 수동형의 여러 가지 쓰임

💬 Dialogue

姜: ああ〜、昨日もまた両親から小言を言われました。

田中: どうしてですか。

姜: いつも帰りは遅いし、結婚相手もまだいないし。

田中: じゃ、ご両親に叱られても仕方がないですね。

姜: つめたいですね。田中さんに慰められたかったのに。彼女にもデートを断られて、本当に落ち込んでいるんですよ。

田中: そうだったんですか。まあ、彼女のことは最初からあまり期待していなかったんですけど。

姜: ああ〜、田中さんにも傷つけられるなんて。

강한척: 아~, 어제도 또 부모님한테 잔소리를 들었어요.
다나카: 왜요?
강한척: 항상 귀가는 늦고, 결혼할 사람도 아직 없고.
다나카: 그럼, 부모님께 야단맞아도 어쩔 수 없네요.
강한척: 냉정하네요. 다나카 씨에게 위로받고 싶었는데.
       그녀에게도 데이트를 거절당해 정말 낙담해 있어요.
다나카: 그랬어요? 뭐, 그녀의 일은 처음부터 별로 기대하지 않았는데.
강한척: 아~, 다나카 씨에게도 상처받다니.

🔍 단어

両親(りょうしん) 부모님, 양친 | **小言**(こごと)**を言**(い)**う** 잔소리를 하다 | **帰**(かえ)**り** 귀가 | **相手**(あいて) 상대 | **叱**(しか)**る** 야단치다, 꾸짖다 | **仕方**(しかた)**がない** 어쩔 수 없다 | **つめたい** 냉정하다, 차갑다 | **慰**(なぐさ)**める** 위로하다 | **デート** 데이트 | **断**(ことわ)**る** 거절하다 | **落**(お)**ち込**(こ)**む** 낙담하다, 침울해지다 | **期待**(きたい) 기대 | **傷**(きず)**つける** 상처 입히다 | **〜なんて** 〜하다니

GRAMMAR

1 동사의 수동형

Ⅰ그룹 동사 (5단 동사)	う단 → あ단 + れる	行う 행하다 行く 가다 出す 내다 立つ 서다 死ぬ 죽다 呼ぶ 부르다 踏む 밟다 取る 뺏다	→ 行われる 행해지다 → 行かれる 가지다 → 出される 나와지다 → 立たれる 서지다 → 死なれる 죽다 → 呼ばれる 불리다 → 踏まれる 밟히다 → 取られる 빼앗기다
Ⅱ그룹 동사 (상하 1단 동사)	어간 + られる	ほめる 칭찬하다 建てる 세우다	→ ほめられる 칭찬받다 → 建てられる 세워지다
Ⅲ그룹 동사 (불규칙 동사)	来られる される	紹介する 소개하다 招待する 초대하다 案内する 안내하다	→ 紹介される 소개받다 → 招待される 초대받다 → 案内される 안내받다

呼(よ)ぶ 부르다 | 踏(ふ)む 밟다 | 取(と)る 뺏다, 잡다 | ほめる 칭찬하다 | 建(た)てる 세우다 | 招待(しょうたい)する 초대하다

2 수동형의 여러 가지 쓰임

1. 일반적인 수동

❶ (사물・사건이) ～해지다

入学式は明日の午前9時に行われます。

この新聞は韓国で一番多く読まれています。

❷ (사람으로부터) ～해 받다

先生にほめられました。

友達からパーティーに招待されました。

❸ (사람이) ～을 당하다, ～히다

電車の中で足を踏まれました。

犬に手を咬まれました。

2. 피해의 수동

急に雨に降られて困っています。

私は友達に来られて仕事ができませんでした。

まわりの人に笑われて恥ずかしかったです。

🔍 **단어**

入学式(にゅうがくしき) 입학식 | **行**(おこな)**う** 행하다 | **新聞**(しんぶん) 신문 | **咬**(か)**む** 물다 | **困**(こま)**る** 곤란하다 | **まわり** 주위 | **恥**(は)**ずかしい** 부끄럽다, 창피하다

LET'S TALK

Ⅰ 다음 보기와 같이 연습해 보세요.

|보기|　外国(がいこく)に 輸出(ゆしゅつ)しています。
➡ 外国(がいこく)に 輸出(ゆしゅつ)されています。

1　この 製品(せいひん)は 多(おお)くの 人々(ひとびと)が 使(つか)っています。

2　このデザインはデパートでたくさん 売(う)っています。

3　このアパートは 10年前(じゅうねんまえ)に 建(た)てました。

4　有名(ゆうめい)な 絵(え)を 展示(てんじ)しています。

5　この 部品(ぶひん)は 日本(にほん)から 輸入(ゆにゅう)しています。

단어

外国(がいこく) 외국 | **輸出**(ゆしゅつ)**する** 수출하다 | **製品**(せいひん) 제품 | **デザイン** 디자인 | **デパート** 백화점 | **アパート** 아파트 | **絵**(え) 그림 | **展示**(てんじ)**する** 전시하다 | **部品**(ぶひん) 부품 | **輸入**(ゆにゅう)**する** 수입하다

Ⅱ 다음 보기와 같이 연습해 보세요.

> [보기]
> A: どうしたんですか。元気がないですね。
> B: 朝から母に叱られたんです。

1 電車の中ですり / 財布をする
2 恋人 / ふる
3 両親 / 結婚を反対する

Ⅲ 다음 그림을 보면서 연습해 보세요.

> [보기]
> A: どうしたんですか。
> B: (雨が降る / 風邪を引く)
> → 雨に降られて風邪を引いてしまったんです。
> A: それは大変ですね。

1 一晩中赤ちゃんが泣く / 疲れている
2 夜中間違い電話が起す / 寝られなかった
3 急に同僚が会社を辞める / 困っている

🔍 **단어**
すり 소매치기 | **財布(さいふ)をする** 지갑을 소매치기하다 | **反対(はんたい)する** 반대하다 | **疲(つか)れる** 지치다, 피곤하다 | **夜中(よなか)** 한밤중 | **間違(まちが)い電話(でんわ)** 잘못 걸린 전화 | **同僚(どうりょう)** 동료 | **辞(や)める** 그만두다 | **困(こま)る** 곤란하다

EXERCISE

다음 빈칸에 알맞은 말을 넣어 보세요.

① 시험 중 휴대전화 이용은 금지되어 있습니다. (禁止する)
   試験中 _____

② 버스 안에서 소매치기에게 지갑을 소매치기 당했습니다. (財布をする)
   バスの _____

③ 친구로부터 숙제를 부탁받았습니다. (宿題を頼む)
   友達に _____

④ 나는 선생님께 주의받았습니다. (注意する)
   私は _____

⑤ 그는 아내가 죽어서 슬퍼하고 있습니다. (妻/死ぬ/悲しむ)
   彼は _____

 단어

携帯電話(けいたいでんわ) 휴대전화 | 利用(りよう) 이용 | 禁止(きんし)する 금지하다 | すり 소매치기 | 注意(ちゅうい)する 주의하다 |
妻(つま) 아내, 처 | 悲(かな)しむ 슬퍼하다

한자 연습

立 설 립
- 음독: りつ/りっ
- 훈독: 立(た)つ / 立(て)る
- 획순: 丶 亠 ㄲ 立 立

建 세울 건
- 음독: けん
- 훈독: 建(た)てる / 建(た)つ
- 획순: ㄱ ㄱ ㅋ ㅋ ㅌ 聿 建 建

독립	たち ば 立場 (입 장)
どく りつ 独立	

独立 독립

立場 입장

建設 건설 (けん せつ)

建物 건물 (たて もの)

외래어 연습

アパート 아파트

| アパート | アパート | アパート | アパート |

エスカレーター 에스컬레이터

| エスカレーター | エスカレーター | エスカレーター | エスカレーター |

Lesson 06 | ご両親に叱られても仕方がないですね。

FUN & TALK

머피의 법칙처럼 나쁜 일이 꼬리에 꼬리를 물고 일어나는 날이 간혹 있습니다.
여러분은 그런 날 무슨 일을 겪었나요?

間違い電話で起される
잘못 걸려온 전화에 잠을 깨다

朝から小言を言われる
아침부터 잔소리를 듣다

電車の中ですられる
전철 안에서 소매치기를 당하다

エレベーターで足を踏まれる
엘리베이터에서 발을 밟히다

遅れて上司に叱られる
지각해서 상사에게 야단맞다

雨に降られる
비를 맞다

犬にかまれる
개에게 물리다

みじめな姿を好きな人に見られる
비참한 모습을 좋아하는 사람에게 보이다

LESSON 07

部長に残業を押しつけられてしまいました。

부장님이 잔업을 떠맡겨 버렸습니다.

표현 익히기 동사의 사역 수동형 / ～ばかり

💬 Dialogue

🎧 MP3 07-1

姜：ああ〜、頭に来る。今日も早く帰れないな。

山田：どうしたんですか。姜さん。

姜：部長に残業を押しつけられてしまいました。
自分の仕事も山のようにあるのに…。

山田：お気の毒に…。

姜：今回だけじゃないですよ。ファックスを送らせられたり、コピーをさせられたり。いつもいろいろなおつかいをさせられてばかりですよ。

山田：それはちょっとひどいですね。

姜：そうですよ。この前もカラオケで踊らせられて。

山田：あれ、それは姜さんが自ら進んでしたんじゃないですか。

姜：そ、それは…、みんなのためのサービス…。

강한척 : 아～, 열 받아. 오늘도 일찍 못 가는구나.
야마다 : 왜 그래요? 한척 씨.
강한척 : 부장님이 잔업을 떠맡겨 버렸거든요.
　　　　제 일도 산더미 같은데…….
야마다 : 안됐네요…….
강한척 : 이번만이 아니에요.
　　　　팩스를 보내게 하거나 복사를 시키거나. 항상 여러 가지 심부름만 시켜요.
야마다 : 그건 좀 심하네요.
강한척 : 그래요. 요전에도 노래방에서 춤을 추게 해서.
야마다 : 어? 그건 한척 씨가 자진해서 나간 것 아니에요?
강한척 : 그, 그건……, 모두를 위한 서비스…….

🔍 단어

頭(あたま)に来(く)る 열 받다 | 残業(ざんぎょう) 잔업 | 押(お)しつける 억지로 떠맡기다 | 〜のに 〜인데 | お気(き)の毒(どく)だ 가엾다 | 今回(こんかい) 이번 | 〜だけ 〜만 | ファックス 팩스 | 送(おく)る 보내다 | おつかい 심부름 | 〜てばかりだ 〜하고만 있다 | ひどい 심하다 | カラオケ 노래방 | 踊(おど)る 춤추다 | 自(みずか)ら 스스로, 자신 | 進(すす)む 나아가다 | サービス 서비스

GRAMMAR

1 ~させられる (사역 수동)　~로부터 시킴을 당하다,
(명령, 지시 등을 받아) 어쩔 수 없이 ~하다

Ⅰ그룹 동사 (5단 동사)	あ단 + せられる	歌を歌う 踊りを踊る	➡ ➡	歌を歌わせられる 踊りを踊らせられる
Ⅱ그룹 동사 (상하 1단 동사)	어간 + させられる	食べる 起きる	➡ ➡	食べさせられる 起きさせられる
Ⅲ그룹 동사 (불규칙 동사)	来られる される	来る する	➡ ➡	来させられる させられる

先生に大きい声で本を読ませられました。
部長にみんなの前で歌を歌わせられました。
母に家の掃除を一人でさせられました。

みんな 모두　｜　掃除(そうじ) 청소

2 〜ばかり　　　　　　　〜만

1. 명사 + ばかり + 〜ている　　〜만 〜하고 있다

お酒ばかり飲んでいます。

テレビばかり見ています。

ゲームばかりしています。

2. 동사 + 〜てばかりいる　　〜하고만 있다

遊んでばかりいます。

叱られてばかりいます。

いやな仕事をさせられてばかりいます。

cf. この部分だけ覚えたらいいです。

必要なものだけ持って行きます。

古いものだけ捨てました。

叱(しか)る 혼내다, 야단치다 ｜ いやだ 싫어하다 ｜ 必要(ひつよう)だ 필요하다 ｜ 捨(す)てる 버리다

LET'S TALK

Ⅰ 다음 보기와 같이 연습해 보세요.

🎧 MP3 07-2

| 보기 | 先生 / 学生 / 掃除をする
➡ 先生は学生に掃除をさせました。
➡ 学生は先生に掃除をさせられました。

1　医者 / 金さん / タバコを止める

2　先輩 / 後輩 / お酒を飲む

3　先生 / 学生 / レポートを書く

4　部長 / 金さん / かばんを持つ

5　社長 / 秘書 / コーヒーを入れる

タバコ 담배 ｜ **秘書**(ひしょ) 비서 ｜ **コーヒーを入**(い)**れる** 커피를 타다

Ⅱ 다음 보기와 같이 연습해 보세요.

> |보기|
> A: 何かいやなことをさせられましたか。
> B: はい、部長に残業をさせられました。

1 社長 / １時間も待つ
2 家内 / 家の掃除をする
3 子供 / 宿題を手伝う

Ⅲ 다음 보기와 같이 연습해 보세요.

> |보기|
> 兄はいつもゲームをします。
> ➡ 兄はゲームばかりします。

1 弟はいつもテレビを見ています。
2 彼はいつも音楽を聞いています。
3 彼はいつもマンガを読んでいます。
4 彼女はいつもショッピングをしています。

 단어

社長(しゃちょう) 사장 | 家内(かない) 아내 | 手伝(てつだ)う 돕다 | マンガを読(よ)む 만화를 읽다 | ショッピングをする 쇼핑을 하다

EXERCISE

다음 빈칸에 알맞은 말을 넣어 보세요.

① 아이는 엄마 때문에 약을 먹어야 했습니다. (お母さん / 薬を飲む)
　　子供は _____

② 선생님의 짐을 들어야 했습니다. (荷物を持つ)
　　先生に _____

③ 친구 때문에 거짓말을 해야 했습니다. (うそをつく)
　　友達に _____

④ 주말에는 집에서 빈둥거리기만 합니다. (ごろごろする)
　　週末には _____

⑤ 그녀는 울기만 하였습니다. (泣く)
　　彼女は _____

お母(かあ)さん 엄마, 어머니 ｜ 薬(くすり)を飲(の)む 약을 먹다 ｜ 荷物(にもつ)を持(も)つ 짐을 들다 ｜ うそをつく 거짓말을 하다 ｜ ごろごろする 빈둥거리다 ｜ 泣(な)く 울다

한자 연습

進 나아갈 진
- 음독: しん
- 훈독: 進(すす)む / 進(すす)める
- 획순: ノ 亻 什 仁 仨 隹 隹 進

送 보낼 송
- 음독: そう
- 훈독: 送(おく)る
- 획순: ソ ソ 丷 乌 关 关 送

진행	しんこう 進行
진보	しんぽ 進歩
송금	そうきん 送金
방송	ほうそう 放送

외래어 연습

ゲーム 게임

アイロン 다리미

Lesson 07 | 部長に残業を押しつけられてしまいました。

FUN & TALK

오~, 제발 이것만은 시키지 마세요!
여러분이 가장 하기 싫은 일은 무엇인지 사역 수동형을 사용하여 이야기해 보세요.

夜遅くまで残業させられる
밤늦게까지 야근하게 되다

掃除をさせられる
청소를 하게 되다

お金を払わせられる
돈을 내게 되다

顧客の不満を聞かせられる
고객의 불만을 듣게 되다

じょうし つか
上司のお使いをさせられる
상사의 심부름을 하게 되다

ひと まえ うた
人の前で歌わせられる
사람들 앞에서 노래하게 되다

べんきょう
勉強をさせられる
하기 싫은 공부를 하게 되다

じょうし い
上司にコーヒーを入れさせられる
상사가 시켜서 커피를 타게 되다

LESSON 08

今回の書類をファックスでお送り致しました。
이번 서류를 팩스로 보냈습니다.

💬 Dialogue

🎧 MP3 08-1

田中：どうしたんですか、姜さん。
　　　何をそんなに一生懸命覚えているんですか。

姜　：ハハ、実は敬語の練習をしているんです。
　　　今日東京物産の部長に電話をしなければならないので。

田中：そうですか。日本語の敬語は本当に難しいですからね。

(전화로)

姜　：もしもし。国際商事の姜と申します。
　　　いつもお世話になっております。今回の書類を
　　　ファックスでお送り致しましたので、ご確認ください。
　　　後程お伺い致します。

田中：わあ～、本当に敬語がお上手ですね。
　　　普段の姜さんのイメージとはまったく違いますよ。

姜　：ああ～、ほめているのかいないのか。

다나카: 무슨 일이에요, 한척 씨?
　　　　뭘 그렇게 열심히 외우고 있어요?
강한척: 하하, 실은 경어 연습을 하고 있습니다.
　　　　오늘 도쿄물산의 부장님께 전화를 해야 하거든요.
다나카: 그래요? 일본어의 경어는 정말 어려우니까요.
강한척: 여보세요. 국제상사의 강한척이라고 합니다. 항상 신세지고 있습니다.
　　　　이번 서류를 팩스로 보냈으니 확인해 주십시오.
　　　　나중에 찾아뵙겠습니다.

다나카: 와~, 정말 경어를 잘하시네요.
　　　　평소의 한척 씨 이미지와는 전혀 다른데요.
강한척: 칭찬을 하는 건지 아닌 건지.

🔍 단어

一生懸命(いっしょうけんめい) 열심히 | **覚**(おぼ)**える** 외우다, 익히다 | **実**(じつ)**は** 실은 | **敬語**(けいご) 경어 | **練習**(れんしゅう) 연습 | **物産**(ぶっさん) 물산 | **部長**(ぶちょう) 부장 | **商事**(しょうじ) 상사 | **～と申**(もう)**す** ~라고 하다(言う의 겸양어) | **お世話**(せわ)**になる** 신세지다 | **おる** 있다(いる의 겸양어) | **今回**(こんかい) 이번에 | **書類**(しょるい) 서류 | **ファックス** 팩스 | **送**(おく)**る** 보내다 | **致**(いた)**す** する의 겸양어 | **確認**(かくにん) 확인 | **後程**(のちほど) 잠시 후 | **伺**(うかが)**う** 뵙다 | **普段**(ふだん) 평소, 보통 | **イメージ** 이미지 | **まったく** 전혀 | **ほめる** 칭찬하다 | **～のか** ~것인가

Lesson 08 | 今回の書類をファックスでお送り致しました。

GRAMMAR

1 경어(敬語) 표현

1. 존경어 ~하시다

❶ お/ご＋ます형＋になる

| 座る | ➡ | お座りになる 앉으시다 | 帰る | ➡ | お帰りになる 돌아가시다 |

おじいさんはあちらで新聞をお読みになっています。

先生はもうお帰りになりました。

❷ ～られる (수동형 활용과 동일)

| 座る | ➡ | 座られる 앉으시다 | 帰る | ➡ | 帰られる 돌아가시다 |

先生はいつ帰られましたか。

これは山田さんが書かれました。

2. 특수 존경어

行く	➡	いらっしゃる 가시다	見る	➡	ご覧になる 보시다
いる	➡	いらっしゃる 계시다	言う	➡	おっしゃる 말씀하시다
来る	➡	いらっしゃる 오시다	する	➡	なさる 하시다
くれる	➡	くださる 주시다	食べる	➡	召し上がる 드시다

先生は何とおっしゃいましたか。

お客様はいらっしゃいましたか。

お客様(きゃくさま) 손님

3. 당부 표현

❶ お/ご+ます형+になってください   ~해 주십시오, ~하십시오

> 待つ ➡ お待ちになってください。 기다려 주십시오.
> 入る ➡ お入りになってください。 들어오십시오.

こちらでお待ちになってください。

中の方へお入りになってください。

❷ お/ご+ます형+ください   ~해 주세요, ~하세요

> 待つ ➡ お待ちください。 기다려 주세요.
> 入る ➡ お入りください。 들어오세요.

まもなくショーが始まりますから、どうぞお楽しみください。

どうぞよろしくお伝えください。

まもなく 곧, 이윽고 | ショー 쇼 | 楽(たの)しむ 즐기다 | 伝(つた)える 전하다

GRAMMAR

4. 겸양어

❶ お/ご＋ます형＋する/致す

書く	➡ お書きする / お書き致す	쓰다
待つ	➡ お待ちする / お待ち致す	기다리다

明日までにお送りします。(＝ お送り致します)

どうぞよろしくお願いします。(＝ お願い致します)

❷ 특수 겸양어

行く / 来る	➡	参る 가다, 오다
いる	➡	おる 있다
言う	➡	申す 말씀드리다
見る	➡	拝見する 보다, 뵙다
食べる / もらう	➡	いただく 먹다, 받다
する	➡	致す 하다

私は金と申します。

書類を拝見しました。

送(おく)る 보내다 ｜ 願(ねが)う 바라다, 부탁하다 ｜ 書類(しょるい) 서류

LET'S TALK

Ⅰ 다음 보기와 같이 연습해 보세요.　　　　　　　　　　🎧 MP3 08-2

| 보기 |
先生は何を飲みますか。
→ 先生は何をお飲みになりますか。

1　何時に帰りますか。

2　何を食べますか。

3　何を読みますか。

4　いつ家にいますか。

5　ニュースを聞きましたか。

ニュースを聞(き)く 뉴스를 듣다

LET'S TALK

Ⅱ 다음 보기와 같이 연습해 보세요.

|보기| よい週末を送ってください。
➡ よい週末をお送りください。

1　ここに座ってください。

2　これを使ってください。

3　こっちを見てください。

4　お茶を飲んでください。

5　説明してください。

단어

送(おく)る 보내다 ｜ お茶(ちゃ)を飲(の)む 차를 마시다 ｜ 説明(せつめい)する 설명하다

Ⅲ **다음 보기와 같이 연습해 보세요.**

|보기|
ここで待ちます。
➡ こちらでお待ちします。 /
こちらでお待ち致します。

1　ペンを貸します。

2　荷物を持ちます。

3　タクシーを呼びます。

4　日程を知らせます。

5　書類を送ります。

 단어

貸(か)す 빌려주다 | 荷物(にもつ) 짐 | タクシーを呼(よ)ぶ 택시를 부르다 | 日程(にってい) 일정 | 知(し)らせる 알리다

EXERCISE

다음 빈칸에 알맞은 말을 넣어 보세요.

① 선생님은 책을 읽고 계십니다. (読む)
先生は _____

② 저 영화를 보셨습니까? (ご覧になる)
あの映画 _____

③ 여기에 성함을 써 주십시오. (書く)
ここに _____

④ 역 앞에서 기다리고 있겠습니다. (待つ)
駅の _____

⑤ 오늘 서류를 보았습니다. (拝見する)
今日 _____

단어

お名前(なまえ) 성함, 이름

한자 연습

帰 돌아갈 귀
- 음독: き
- 훈독: 帰(かえ)る
- 획순: ノ 丿 尹 尹 尹 尹 帰 帰 帰 帰

呼 부를 호
- 음독: こ
- 훈독: 呼(よ)ぶ
- 획순: 丨 口 口 口 叮 叮 呼 呼

き	こく
帰	国
귀	국

き	たく
帰	宅
귀	가

こ	きゅう
呼	吸
호	흡

こ	おう
呼	応
호	응

외래어 연습

イメージ 이미지

ビザ 비자

Lesson 08 | 今回の書類をファックスでお送り致しました。

FUN & TALK

다음과 같이 경어를 사용해서 전화 통화를 해 보세요.

Ⓐ はい。東京商事でございます。

Ⓑ あの、山本商事の金と申しますが、
営業部の田中さんいらっしゃいますか。

Ⓐ 申し訳ありませんが、田中はただいま外出中です。

Ⓑ そうですか。じゃ、いつお戻りになりますか。

Ⓐ たぶん3時ごろ戻ると思いますが。

Ⓑ そうですか。では、田中さんにまたお電話いたします。

Ⓐ はい、かしこまりました。

A

 山本商事の金（キム）

 KOREA物産の朴（パク）

 住友銀行の李（イ）

B

東京物産 / 営業部の田中さん /
外出中 / 3時ごろ戻る

三和商事 / 人事部の中村さん /
会議中 / 4時ごろ終わる

東洋商事 / 総務部の三木さん /
出張中 / 来週の水曜日に戻る

うきうき
우키우키 일본어
해석 및 정답

 해석

LESSON 01
何メートルぐらい泳げますか。

GRAMMAR

1. 가능표현

2. 명사+~ができる
   日本語ができます。 일본어를 할수있습니다.
   水泳ができます。 수영을 할수있습니다.

3. 동사의기본형+~ことができる
   日本料理を作ることができます。
   일본 요리를 만들수 있습니다.
   英語でレポートを書くことができます。
   영어로 리포트를 쓸수 있습니다.

3 ~たばかりだ ~한지얼마안되다
   この前引っ越したばかりです。
   요전에 이사한 지 얼마 안 됩니다.
   結婚したばかりの新婚夫婦です。
   결혼한 지 얼마 안된 신혼부부입니다.
   運転免許を取ったばかりで、まだ運転が下手です。
   운전면허를 딴지 얼마 안돼서 아직 운전이 서투릅니다.

LESSON 02
新入社員の中にすごい人がいるらしいですよ。

GRAMMAR

1 ~らしい ~인것같다

1. 추측의 조동사
   ① 明日出張に行くらしいです。
      내일 출장가는 것 같습니다.
      結婚しているらしいです。 결혼한것 같습니다.
      試験に落ちたらしいです。 시험에 떨어진것 같습니다.
   ② お金がないらしいです。 돈이 없는 것 같습니다.
      試験は大変難しかったらしいです。
      시험이 매우 어려웠던 것 같습니다.
   ③ いろいろと心配らしいです。
      여러모로 걱정되는 것 같습니다.
      パーティーはとても賑やかだったらしいです。
      파티는 매우 활기찼던 것 같습니다.
   ④ 彼女は山田さんの恋人らしいです。
      그녀는 야마다 씨의 연인인 것 같습니다.
      前の会社の同僚だったらしいです。
      예전 회사의 동료였던 것 같습니다.

2. 접미어
   子供らしい子供が好きです。
   어린이다운 어린이를 좋아합니다.
   君らしくないね。 너답지 않네.

2 ~ようだ ~인것같다

1. 추측의 조동사
   ① 誰か好きな人がいるようです。
      누군가 좋아하는 사람이 있는 것 같습니다.
      なんだか秘密を知っているようです。
      왠지 비밀을 알고 있는 것 같습니다.
      恋人にふられたようです。 애인에게 차인 것 같습니다.
   ② 気分が悪いようです。 기분이 나쁜 것 같습니다.
      時間がなかったようです。 시간이 없었던 것 같습니다.
   ③ この頃暇なようです。 요즘 한가한 것 같습니다.

彼女のことが好きだったようです。
그녀를 좋아했던 것 같습니다.

❹ あの指輪はペアーリングのようです。
저 반지는 커플링인 것 같습니다.

すごいショックだったようです。
굉장한 충격이었던 것 같습니다.

2. 비유

❶ あの二人はまるで兄弟のようです。
저 두 사람은 마치 형제인 것 같습니다.

日本語がペラペラで日本人のようです。
일본어가 유창해서 일본인 같습니다.

❷ 彼女はお城のような家に住んでいます。
그녀는 성 같은 집에 살고 있습니다.

私にはまるで夢のような話です。
저에게는 마치 꿈같은 이야기입니다.

❸ 人形のようにかわいい赤ちゃんですね。
인형처럼 귀여운 아기네요.

鳥のように空を飛びたいです。
새처럼 하늘을 날고 싶습니다.

LESSON 03
おいしそうなお寿司が回っていますね。

GRAMMAR

1 〜てみる ~해보다

日本の料理を作ってみました。
일본 요리를 만들어 보았습니다.

彼女と一度話してみたいです。
그녀와 한번 이야기해 보고 싶습니다.

日本に行ってみたいと思っています。
일본에 가 보고 싶다고 생각하고 있습니다.

2 〜てある ~해있다

住所が書いてあります。 주소가 적혀있습니다.

人形が置いてあります。 인형이 놓여있습니다.

駐車場に車が止めてあります。
주차장에 차가 세워져 있습니다.

3 〜ところだ ~참이다

今からご飯を食べるところです。
지금 막 밥을 먹으려는 참입니다.

ご飯を食べているところです。
밥을 먹고 있는 중입니다.

今、ご飯を食べたところです。
지금 막 밥을 먹은 참입니다.

LESSON 04
お母様にさしあげる誕生日プレゼントですか。

GRAMMAR

1 수수동사

1 恋人に[から]指輪をもらいました。
애인에게서 반지를 받았습니다.

妹に[から]誕生日プレゼントをもらいました。
여동생에게 생일 선물을 받았습니다.

先生に手紙をいただきました。
선생님께 편지를 받았습니다.

2 花に水をやります。 꽃에 물을 줍니다.

友達に辞書をあげます。
친구에게 사전을 줍니다.

先生にお花をさしあげます。
선생님께 꽃을 드립니다.

3 母は私に小遣いをくれました。
어머니는 저에게 용돈을 주었습니다.

彼は私にコンサートのチケットをくれました。 그는 저에게 콘서트 티켓을 주었습니다.

先生は弟に本をくださいました。
선생님께서는 남동생에게 책을 주셨습니다.

2 보조수수동사

1 弟に映画を見せてやります。
남동생에게 영화를 보여 줍니다.

友達に本を貸してあげます。
친구에게 책을 빌려줍니다.

山田さんに友達を紹介してあげました。
야마다 씨에게 친구를 소개해 주었습니다.

2 友達は私を慰めてくれました。
친구는 저를 위로해 주었습니다.

両親は私を信じてくれません。
부모님은 저를 믿어 주지 않습니다.

先生は親切に説明してくださいました。
선생님께서는 친절히 설명해 주셨습니다.

3 大変なとき、友達にたくさん助けてもらいました。 힘들 때 친구에게 많은 도움을 받았습니다.

ガイドに観光地を案内してもらいました。
가이드에게 관광지를 안내받았습니다.

先生に日本の歌を教えていただきました。
선생님께 일본 노래를 배웠습니다.(가르침을 받았습니다.)

LESSON 05
普通どんな教育を受けさせますか。

GRAMMAR

1 사역표현

1. ～させる

❶ 先生は学生を席に座らせます。
선생님은 학생을 자리에 앉게 합니다.

お母さんは子供を学校に行かせます。
어머니는 아이를 학교에 가게 합니다.

❷ 先生は学生に本を読ませます。
선생님은 학생에게 책을 읽게 합니다.

お母さんは子供にご飯を食べさせます。
어머니는 아이에게 밥을 먹게 합니다.

2. 사역형 관련 중요 표현

❶ 僕にやらせてください。 저에게 하게 해 주세요.

私を行かせてください。 저를 가게 해 주세요.

❷ 自己紹介させていただきます。 자기소개를 하겠습니다.

ご案内させていただきます。 안내를 하겠습니다.

❸ ここで終わらせていただけませんか。
여기서 끝내도 될까요?

明日は休ませていただけませんか。
내일은 쉬어도 될까요?

LESSON 06
ご両親に叱られても仕方がないですね。

GRAMMAR

2 수동형의 여러 가지 쓰임

1. 일반적인 수동

❶ 入学式は明日の午前9時に行われます。
입학식은 내일 오전 9시에 거행됩니다.

この新聞は韓国で一番多く読まれています。
이 신문은 한국에서 가장 많이 읽히고 있습니다.

❷ 先生にほめられました。 선생님께 칭찬 받았습니다.

友達からパーティーに招待されました。
친구에게서 파티에 초대 받았습니다.

❸ 電車の中で足を踏まれました。
전철 안에서 발을 밟혔습니다.
犬に手を噛まれました。 개에게 손을 물렸습니다.

2. 피해의 수동

急に雨に降られて困っています。
갑자기 비를 맞아 곤란한 상태입니다.
私は友達に来られて仕事ができませんでした。
저는 친구가 찾아오는 바람에 일을 할 수 없었습니다.
まわりの人に笑われて恥ずかしかったです。
주변 사람들이 저를 비웃어서 부끄러웠습니다.
(주변 사람들에게 비웃음을 당해서 부끄러웠습니다.)

LESSON 07
部長に残業を押しつけられてしまいました。

GRAMMAR

1　～させられる　~로부터 시킴을 당하다, (명령, 지시 등을 받아) 어쩔 수 없이 ~하다

先生に大きい声で本を読まさせられました。
선생님이 시키셔서 큰소리로 책을 읽게 되었습니다.
(선생님께서 시키셔서 어쩔 수 없이 큰소리로 책을 읽었습니다.)
部長にみんなの前で歌を歌わさせられました。
부장님이 시키셔서 모두 앞에서 노래를 부르게 되었습니다.
(부장님이 시키셔서 어쩔 수 없이 모두 앞에서 노래를 불렀습니다.)
母に家の掃除を一人でさせられました。
어머니가 시키셔서 집 청소를 혼자 하게 되었습니다.
(어머니가 시키셔서 어쩔 수 없이 집 청소를 혼자서 했습니다.)

2　～ばかり　~만

1. 명사＋ばかり＋~ている

お酒ばかり飲んでいます。 술만 마시고 있습니다.
テレビばかり見ています。 TV만 보고 있습니다.
ゲームばかりしています。 게임만 하고 있습니다.

2. 동사＋~てばかりいる

遊んでばかりいます。 놀고만 있습니다.
叱られてばかりいます。 혼나고만 있습니다.
いやな仕事をさせられてばかりいます。
싫은 일을 억지로 하고 있습니다.

cf. この部分だけ覚えたらいいです。
이 부분만 외우면 됩니다.
必要なものだけ持って行きます。
필요한 것만 가지고 갑니다.
古いものだけ捨てました。 낡은 것만 버렸습니다.

LESSON 08
今回の書類をファックスでお送り致しました。

GRAMMAR

1　경어(敬語)표현

1. 존경어

❶ おじいさんはあちらで新聞をお読みになっています。 할아버지께서는 저쪽에서 신문을 읽고 계십니다.
先生はもうお帰りになりました。
선생님께서는 이미 (집에) 돌아가셨습니다.
❷ 先生はいつ帰られましたか。
선생님께서는 언제 (집에) 돌아가셨습니까?
これは山田さんが書かれました。
이것은 야마다 씨께서 쓰셨습니다.

2. 특수 존경어

先生は何とおっしゃいましたか。
선생님께서는 무엇이라고 말씀하셨습니까?
お客様はいらっしゃいましたか。
손님께서는 오셨습니까?

3. 당부표현

❶ こちらでお待ちになってください。
이쪽에서 기다려 주십시오.

中の方へお入りになってください。
안쪽으로 들어가 주십시오.

❷ まもなくショーが始まりますから、どうぞお楽しみください。
곧 쇼가 시작되므로, 아무쪼록 즐겨 주세요.

どうぞよろしくお伝えください。
아무쪼록 잘(안부를) 전해 주세요.
(안부를 전해 주시도록 요청할 때 쓰는 인사 표현)

LESSON 01
何メートルぐらい泳げますか。

LET'S TALK

Ⅰ

1 いつでも海外へ行くことができます。
   언제라도 해외에 갈수있습니다.
   ⇒ いつでも海外へ行けます。

2 郵便局で特産物を買うことができます。
   우체국에서 특산물을 살수 있습니다.
   ⇒ 郵便局で特産物が買えます。

3 コンビニで小包を送ることができます。
   편의점에서 소포를 보낼수 있습니다.
   ⇒ コンビニで小包が送れます。

4 この漢字は難しくて読むことができません。
   이 한자는 어려워서 읽을수 없습니다.
   ⇒ この漢字は難しくて読めません。

5 サイズが小さくて着ることができません。
   사이즈가 작아 입을수 없습니다.
   ⇒ サイズが小さくて着られません。

Ⅱ

1 A: ギターが弾けますか。 기타를 칠수있습니까?
   B: はい、弾けます。 예, 칠수있습니다.

2 A: 自転車に乗れますか。 자전거를 탈수있습니까?
   B: はい、乗れます。 예, 탈수있습니다.

3 A: 日本語で説明できますか。
   일본어로 설명할수있습니까?
   B: いいえ、できません。 아니요, 못합니다.

Ⅲ

1 10分前、授業が始まりました。
   10분 전에 수업이 시작되었습니다.
   ⇒ 10分前、授業が始まったばかりです。
   10분 전에 수업이 막 시작되었습니다.

2 今朝からジョギングを始めました。
   오늘 아침부터 조깅을 시작했습니다.
   ⇒ 今朝からジョギングを始めたばかりです。
   오늘 아침부터 조깅을 막 시작했습니다.

3 昨日、店をオープンしました。
   어제 가게를 오픈했습니다.
   ⇒ 昨日、店をオープンしたばかりです。
   어제 막 가게를 오픈했습니다.

4 一週間前、就職しました。
   일주일 전에 취직했습니다.
   ⇒ 一週間前、就職したばかりです。
   일주일 전에 막 취직했습니다.

5 先月、開業しました。 지난달 개업했습니다.
   ⇒ 先月、開業したばかりです。
   지난달 막 개업했습니다.

EXERCISE

1 ケータイで送金できます。

2 ここには駐車できません。

3 内容が多くて全部覚えられません。

4 この前買ったばかりのカメラです。

5 日本語の勉強を始めたばかりで、まだ下手です。

LESSON 02
新入社員の中にすごい人がいるらしいですよ。

LET'S TALK

Ⅰ

1. **A:** 彼、とてもうれしそうですね。
   그남자, 굉장히 즐거워 보이네요.
   B: 明日から一週間海外旅行に行くらしいです。
   내일부터 일주일간 해외여행을 가는 듯합니다.

2. **A:** 彼女、とてもうれしそうですね。
   그여자, 굉장히 즐거워 보이네요.
   B: 試験に受かったらしいです。
   시험에 합격한 듯합니다.

3. **A:** あの店はいつも混んでいますね。
   저가게는 항상 붐비네요.
   B: 料理がとてもおいしいらしいです。
   요리가 매우 맛있는 것 같습니다.

4. **A:** 彼、元気ないですね。
   그사람, 기운이 없어 보여요.
   B: 両親のことが心配らしいです。
   부모님이 걱정되는 듯합니다.

5. **A:** あの人は誰ですか。
   저사람은 누구입니까?
   B: 金さんの恋人らしいです。
   김 씨의 애인인 것 같습니다.

Ⅱ

1. **A:** 具合いはどうですか。
   몸은 어떻습니까?
   B: そうですね。ちょっと熱があるようです。
   글쎄요. 열이 좀 있는 것 같습니다.

2. **A:** 味はどうですか。
   맛은 어떻습니까?
   B: そうですね。ちょっと辛いようです。
   글쎄요. 조금 매운 것 같습니다.

3. **A:** この服はどうですか。
   이옷은 어떻습니까?
   B: そうですね。ちょっと派手なようです。
   글쎄요. 조금 화려한 듯합니다.

4. **A:** あの人は誰ですか。
   저사람은 누구입니까?
   B: そうですね。大学時代の友達のようです。
   글쎄요. 대학시절 친구인 듯합니다.

Ⅲ

1. まるで日本人のように日本語を話しますね。
   마치 일본인처럼 일본어를 말하네요.

2. まるで歌手のように歌が上手ですね。
   마치 가수처럼 노래를 잘하네요.

3. まるでシェフのようにおいしい料理を作りますね。 마치 셰프처럼 맛있는 요리를 만드네요.

4. まるでアナウンサーのように発音がいいですね。 마치 아나운서처럼 발음이 좋네요.

5. まるで専門家のようによく知っていますね。 마치 전문가처럼 잘 알고 있네요.

EXERCISE

1. この頃日本で韓国のドラマが人気があるらしいです。

2. この歌は日本でも有名らしいです。

3. このキムチがもっと辛いようです。

4. 彼女はまるでモデルのようにきれいです。

5. まるでおもちゃのようなカメラです。

LESSON 03
おいしそうなお寿司が回っていますね。

LET'S TALK

Ⅰ

1 ノートに名前を書きました。
노트에 이름을 썼습니다.
⇒ ノートに名前が書いてあります。
노트에 이름이 적혀 있습니다.

2 コーヒーに砂糖を入れました。
커피에 설탕을 넣었습니다.
⇒ コーヒーに砂糖が入れてあります。
커피에 설탕이 들어 있습니다.

3 ドアにカギをかけました。
문에 열쇠를 채웠습니다.
⇒ ドアにカギがかけてあります。
문에 열쇠가 채워져 있습니다.

4 レストランの予約をしました。
레스토랑을 예약했습니다.
⇒ レストランの予約がしてあります。
레스토랑이 예약되어 있습니다.

5 窓を開けました。 창문을 열었습니다.
⇒ 窓が開けてあります。 창문이 열려 있습니다.

Ⅱ

1 A: 電気はついていますか。
불은 켜져 있습니까?
B: はい、電気はつけてあります。
예, 불은 켜져 있습니다.

2 A: 窓は閉まっていますか。
창문은 닫혀 있습니까?
B: はい、窓は閉めてあります。
예, 창문은 닫혀 있습니다.

3 A: 絵はかかっていますか。
그림은 걸려 있습니까?
B: はい、絵はかけてあります。
예, 그림은 걸려 있습니다.

4 A: テレビは消えていますか。
텔레비전은 꺼져 있습니까?
B: はい、テレビは消してあります。
예, 텔레비전은 꺼져 있습니다.

5 A: 机の上に本は出ていますか。
책상 위에 책은 나와 있습니까?
B: はい、本は出してあります。
예, 책은 나와 있습니다.

EXERCISE

1 着物を一度着てみたいです。
2 家の前に車が止めてあります。
3 きれいに掃除してあります。
4 机の上に手紙が置いてあります。
5 今音楽を聞いているところです。

LESSON 04
お母様にさしあげる誕生日プレゼントですか。

LET'S TALK

Ⅰ

1 A: 誕生日のプレゼントに誰から何をもらいましたか。 생일 선물로 누구에게 무엇을 받았습니까?
B: 私は父に時計をもらいました。
저는 아버지에게 시계를 받았습니다.

2 A: 誕生日のプレゼントに誰から何をもらいましたか。
B: 私は母にかばんをもらいました。
저는 어머니에게 가방을 받았습니다.

3 A: 誕生日のプレゼントに誰から何をもらいましたか。
B: 私は恋人に指輪をもらいました。
저는 애인에게 반지를 받았습니다.

4 A: 誕生日のプレゼントに誰から何をもらいましたか。
B: 私は親友に化粧品をもらいました。
저는 친한 친구에게 화장품을 받았습니다.

5 A: 誕生日のプレゼントに誰から何をもらいましたか。
B: 私は先生に辞書をいただきました。
저는 선생님에게 사전을 받았습니다.

II

1 中村さんは山田さんに何をもらいましたか。
나카무라 씨는 야마다 씨로부터 무엇을 받았습니까?
⇒ 中村さんは山田さんにハンカチをもらいました。
나카무라 씨는 야마다 씨로부터 손수건을 받았습니다.

2 山田さんは金さんに何をもらいましたか。
야마다 씨는 김 씨로부터 무엇을 받았습니까?
⇒ 山田さんは金さんに財布をもらいました。
야마다 씨는 김 씨로부터 지갑을 받았습니다.

3 山田さんは金さんに何をあげましたか。
야마다 씨는 김 씨에게 무엇을 주었습니까?
⇒ 山田さんは金さんに商品券をあげました。
야마다 씨는 김 씨에게 상품권을 주었습니다.

4 金さんは中村さんに何をあげましたか。
김 씨는 나카무라 씨에게 무엇을 주었습니까?
⇒ 金さんは中村さんにカメラをあげました。 김 씨는 나카무라 씨에게 카메라를 주었습니다.

III

1 先生は妹さんに何をしてくださいましたか。
선생님은 여동생에게 무엇을 해 주셨습니까?
⇒ 先生は妹に本を買ってくださいました。
선생님은 여동생에게 책을 사주셨습니다.

2 あなたは先生に何をしていただきましたか。
선생님은 당신에게 무엇을 해 주셨습니까?
⇒ 私は先生に日本語を教えていただきました。 선생님은 저에게 일본어를 가르쳐주셨습니다.

3 あなたはお兄さんに何をしてあげましたか。
당신은 형에게 무엇을 해 주었습니까?
⇒ 私は兄に料理を作ってあげました。
저는 형에게 요리를 만들어 주었습니다.

4 あなたは妹さんに何をしてあげましたか。
당신은 여동생에게 무엇을 해 주었습니까?
⇒ 私は妹に宿題を手伝ってやりました。
저는 여동생의 숙제를 도와주었습니다.

EXERCISE

1 友達に誕生日プレゼントをもらいました。
2 弟に日本の歌を教えてやりました。
3 友達のレポートを書いてあげました。
4 山田さんに友達を紹介してもらいました。
5 先生は日本語の辞書を選んでくださいました。

LESSON 05
普通どんな教育を受けさせますか。

LET'S TALK

I

1 少しずつ漢字を覚えてください。
조금씩 한자를 외워 주세요.
⇒ 先生は学生に少しずつ漢字を覚えさせます。 선생님은 학생에게 조금씩 한자를 가르칩니다.

2 声に出して教科書を読んでください。
소리 내어 교과서를 읽어 주세요.
⇒ 先生は学生に声に出して教科書を読ませます。 선생님은 학생에게 소리 내어 책을 읽게 합니다.

3 欠席の理由を説明してください。
결석한 이유를 설명해 주세요.
⇒先生は学生に欠席の理由を説明させます。
선생님은 학생에게 결석한 이유를 설명하게 합니다.

4 質問に答えてください。 질문에 대답해 주세요.
⇒先生は学生に質問に答えさせます。
선생님은 학생에게 질문에 대답하게 합니다.

5 レポートを出してください。
리포트를 제출해 주세요.
⇒先生は学生にレポートを出させます。
선생님은 학생에게 리포트를 제출하게 합니다.

Ⅱ

1 熱があるので、病院に行かせていただけませんか。 열이 있으므로, 병원에 가게 해 주시지 않겠습니까?

2 自信があるので、やらせていただけませんか。 자신 있으니 시켜 주시지 않겠습니까?

3 急用ができたので、早く帰らせていただけませんか。 급한 일이 생겼으므로, 일찍 돌아가게 해 주시지 않겠습니까?

4 よく分からない部分があるので、質問させていただけませんか。 잘 모르는 부분이 있는데, 질문해도 되겠습니까?

5 初対面なので、自己紹介させていただけませんか。 첫 대면이므로, 자기소개를 해도 되겠습니까?

EXERCISE

1 笑わせたり泣かせたりします。
2 日本語で書かせたり話させたりします。
3 家に早く帰らせてください。
4 ここで働かせてください。
5 今日は早く帰らせていただけませんか。

LESSON 06
ご両親に叱られても仕方がないですね。

LET'S TALK

Ⅰ

1 この製品は多くの人々が使っています。
이 제품은 많은 사람들이 사용하고 있습니다.
⇒この製品は多くの人々に使われています。
이 제품은 많은 사람들에게 사용되고 있습니다.

2 このデザインはデパートでたくさん売っています。 이 디자인은 백화점에서 많이 팔고 있습니다.
⇒このデザインはデパートでたくさん売られています。
이 디자인은 백화점에서 많이 팔리고 있습니다.
※실생활에서는「売れています」표현이 많이 쓰임. '잘 팔리고 있습니다'라는 의미로, 인기나 수요가 많다는 뉘앙스가 강함

3 このアパートは10年前に建てました。
이 아파트는 10년 전에 지었습니다.
⇒このアパートは10年前に建てられました。 이 아파트는 10년 전에 지어졌습니다.

4 有名な絵を展示しています。
유명한 그림을 전시하고 있습니다.
⇒有名な絵が展示されています。
유명한 그림이 전시되어 있습니다.

5 この部品は日本から輸入しています。
이 부품은 일본에서 수입하고 있습니다.
⇒この部品は日本から輸入されています。
이 부품은 일본에서 수입되고 있습니다.

Ⅱ

1 A: どうしたんですか。元気がないですね。
무슨 일 있어요? 힘이 없어 보여요.
B: 電車の中ですりに財布をすられたんです。
전철 안에서 지갑을 소매치기 당했거든요.

2 A: どうしたんですか。元気がないですね。

B: 恋人にふられたんです。 애인에게 차였거든요.

3 **A:** どうしたんですか。元気がないですね。
B: 両親に結婚を反対されたんです。
부모님이 결혼을 반대하셨거든요.

Ⅲ

1 **A:** どうしたんですか。 무슨 일 있어요?
B: 一晩中赤ちゃんに泣かれて疲れているんです。 밤새도록 아기가 울어서 피곤하거든요.
A: それは大変ですね。 힘드시겠네요.

2 **A:** どうしたんですか。
B: 夜中間違い電話に起されて寝られなかったんです。
한밤중에 잘못 걸린 전화에 깨서 잠을 못 잤거든요.
A: それは大変ですね。

3 **A:** どうしたんですか。
B: 急に同僚に会社を辞められて困っているんです。 갑자기 동료가 회사를 그만두어서 곤란하거든요.
A: それは大変ですね。

EXERCISE

1 試験中携帯電話の利用は禁止されています。
2 バスの中ですりに財布をすられました。
3 友達に宿題を頼まれました。
4 私は先生に注意されました。
5 彼は妻に死なれて悲しんでいます。

LESSON 07
部長に残業を押しつけられてしまいました。

LET'S TALK

Ⅰ

1 医者は金さんにタバコを止めさせました。
의사는 김 씨에게 담배를 끊게 했습니다.
⇒ 金さんは医者にタバコを止めさせられました。 김 씨는 의사로부터 담배를 끊도록 지시받았습니다.

2 先輩は後輩にお酒を飲ませました。
선배는 후배에게 술을 먹였습니다.
⇒ 後輩は先輩にお酒を飲ませられました。
후배는 선배 때문에 술을 먹었습니다.

3 先生は学生にレポートを書かせました。
선생님은 학생에게 리포트를 쓰게 했습니다.
⇒ 学生は先生にレポートを書かせられました。 학생은 선생님에게서 리포트를 쓰도록 지시받았습니다.

4 部長は金さんにかばんを持たせました。
부장님은 김 씨에게 가방을 들게 했습니다.
⇒ 金さんは部長にかばんを持たせられました。 김 씨는 부장님의 가방을 들게 되었습니다.

5 社長は秘書にコーヒーを入れさせました。
사장님은 비서에게 커피를 타게 했습니다.
⇒ 秘書は社長にコーヒーを入れさせられました。 비서는 사장님이 시켜서 커피를 타야 했습니다.

Ⅱ

1 **A:** 何かいやなことをさせられましたか。
무슨 기분 나쁜 일을 당했습니까?
B: はい、社長に1時間も待たせられました。
예, 사장님 때문에 한 시간이나 기다렸습니다.

2 **A:** 何かいやなことをさせられましたか。
B: はい、家内に家の掃除をさせられました。
예, 집사람이 집안 청소를 시켰습니다.

3 A: 何かいやなことをさせられましたか。
  B: はい、子供に宿題を手伝わせられました。
  예, 아이 숙제를 도와주어야 했습니다.

Ⅲ

1 弟はいつもテレビを見ています。
  남동생은 항상 텔레비전을 봅니다.
  ⇒弟はテレビを見てばかりいます。/
  弟はテレビばかり見ています。
  남동생은 텔레비전만 보고 있습니다.

2 彼はいつも音楽を聞いています。
  그는 항상 음악을 듣고 있습니다.
  ⇒彼は音楽を聞いてばかりいます。/
  彼は音楽ばかり聞いています。
  그는 음악만 듣고 있습니다.

3 彼はいつもマンガを読んでいます。
  그는 언제나 만화를 봅니다.
  ⇒彼はマンガを読んでばかりいます。/
  彼はマンガばかり読んでいます。
  그는 만화만 보고 있습니다.

4 彼女はいつもショッピングをしています。
  그녀는 언제나 쇼핑을 합니다.
  ⇒彼女はショッピングをしてばかりいます。
  / 彼女はショッピングばかりしています。
  그녀는 쇼핑만 하고 있습니다.

EXERCISE

1 子供はお母さんに薬を飲ませられました。
2 先生に荷物を持たせられました。
3 友達にうそをつかせられました。
4 週末には家でごろごろしてばかりいます。
5 彼女は泣いてばかりいました。

LESSON 08
今回の書類をファックスでお送り致しました。

LET'S TALK

Ⅰ

1 何時に帰りますか。 몇 시에 돌아갑니까?
  ⇒何時にお帰りになりますか。
  몇 시에 돌아가십니까?

2 何を食べますか。 무엇을 먹습니까?
  ⇒何を召し上がりますか。 무엇을 드십니까?

3 何を読みますか。 무엇을 읽습니까?
  ⇒何をお読みになりますか。 무엇을 읽으십니까?

4 いつ家にいますか。 언제 집에 있습니까?
  ⇒いつお宅にいらっしゃいますか。
  언제 댁에 계십니까?

5 ニュースを聞きましたか。 뉴스를 들었습니까?
  ⇒ニュースをお聞きになりましたか。
  뉴스를 들으셨습니까?

Ⅱ

1 ここに座ってください。 여기에 앉으십시오.
  ⇒こちらにお座りください。 여기에 앉아주십시오.

2 これを使ってください。 이것을 사용하십시오.
  ⇒これをお使いください。 이것을 사용해주십시오.

3 こっちを見てください。 이쪽을 보십시오.
  ⇒こちらをご覧ください。 이쪽을 봐주십시오.

4 お茶を飲んでください。 차를 드십시오.
  ⇒お茶をお飲みください。 차를 들어주십시오.

5 説明してください。 설명해주십시오.

⇒ ご説明なさってください。/
ご説明ください。 설명을 부탁드립니다.

Ⅲ

1 ペンを貸します。 펜을 빌려줍니다.
⇒ ペンをお貸しします。/
ペンをお貸し致します。 펜을 빌려 드리겠습니다.

2 荷物を持ちます。 짐을 듭니다.
⇒ 荷物をお持ちします。/
荷物をお持ち致します。 짐을 들어드리겠습니다.

3 タクシーを呼びます。 택시를 부릅니다.
⇒ タクシーをお呼びします。/
タクシーをお呼び致します。
택시를 불러 드리겠습니다.

4 日程を知らせます。 일정을 알립니다.
⇒ 日程をお知らせします。/
日程をお知らせ致します。
일정을 알려 드리겠습니다.

5 書類を送ります。 서류를 보냅니다.
⇒ 書類をお送りします。/
書類をお送り致します。
서류를 보내 드리겠습니다.

EXERCISE

1 先生は本をお読みになっています。

2 あの映画をご覧になりましたか。

3 ここにお名前をお書きになってください。/
お書きください。

4 駅の前でお待ちしております。

5 今日書類を拝見しました。/
拝見いたしました。

うきうき
우키우키 일본어

うきうき
우키우키 일본어

うきうき
우키우키 일본어

더욱 새로워진 단계별 종합 일본어 학습 프로그램

NEW うきうき 일본어 STEP 4
우키우키

강경자 지음·온즈카 치요 감수

Workbook

넥서스 JAPANESE

LESSON 01

何メートルぐらい泳げますか。
몇 미터 정도 수영할 수 있어요?

 **Step 1** 필수 단어 익히기

趣味(しゅみ)	취미	立つ(たつ)	서다
特技(とくぎ)	특기	飛ぶ(とぶ)	날다
水泳(すいえい)	수영	座る(すわる)	앉다
自己紹介(じこしょうかい)	자기소개	教える(おしえる)	가르치다
話せる(はなせる)	말할 수 있다	駐車(ちゅうしゃ)	주차
習う(ならう)	배우다	覚える(おぼえる)	외우다, 암기하다
泳げる(およげる)	헤엄칠 수 있다	新婚(しんこん)	신혼
始める(はじめる)	시작하다	夫婦(ふうふ)	부부
信じる(しんじる)	믿다	免許(めんきょ)	면허
直す(なおす)	고치다, 수정하다	取る(とる)	취득하다

 제시된 단어를 예와 같이 일본어로 써 보세요.

예 자기소개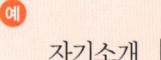

1 주차   2 면허   3 신혼

4 믿다   5 가르치다   6 부부

Step 2 핵심 문법 복습하기

❶ 가능표현 ~할 수 있다.

1. 가능동사

Ⅰ그룹 동사 (5단 동사)	어미 う단 → え단 + る
Ⅱ그룹 동사 (상하 1단 동사)	어간 + られる
Ⅲ그룹 동사 (불규칙 동사)	来る ➡ 来られる / する ➡ できる

2. 명사 + ~ができる

3. 동사의 기본형 + ~ことができる

❷ ~たばかりだ ~한 지 얼마 안 되다

✏️ 빈칸에 알맞은 말을 넣어 보세요.

1 いつでも _____。
　　　　　　　만날 수 있다

2 何(なん)でも _____。
　　　　　　　먹을 수 있다

3 水泳(すいえい)が _____。
　　　　　　　할 수 있다

4 日本料理(にほんりょうり)を _____。
　　　　　　　만들 수 있다

5 運転免許(うんてんめんきょ)を _____、運転(うんてん)が下手(へた)です。
　　　　　　　딴 지 얼마 안 되서

Step 3 회화 연습하기

✏️ 빈칸에 알맞은 말을 넣어 보세요.

I

1　いつでも海外へ行くことができます。
　→ いつでも _____。
　　　　　　　해외에 갈 수 있습니다

2　郵便局で特産物を買うことができます。
　→ 郵便局で _____。
　　　　　　　특산물을 살 수 있습니다

3　コンビニで小包を送ることができます。
　→ コンビニで _____。
　　　　　　　소포를 보낼 수 있습니다

4　この漢字は難しくて読むことができません。
　→ この漢字は難しくて _____。
　　　　　　　　　　　읽을 수 없습니다

5　サイズが小さくて着ることができません。
　→ サイズが小さくて _____。
　　　　　　　　　　　입을 수 없습니다

II

1　10分前、授業が始まりました。
　→ 10分前、_____。
　　　　　　　수업이 막 시작되었습니다

2　今朝からジョギングを始めました。
　→ 今朝から _____。
　　　　　　　조깅을 막 시작했습니다

3　昨日、店をオープンしました。
　→ 昨日、_____。
　　　　　　막 가게를 오픈했습니다

4　一週間前就職しました。
　→ 一週間前、_____。
　　　　　　　　막 취직했습니다

5　先月開業しました。
　→ 先月 _____。
　　　　　　막 개업했습니다

LESSON 02 新入社員の中にすごい人がいるらしいですよ。
신입사원 중에 굉장한 사람이 있는 것 같아요.

Step 1 필수 단어 익히기

新入社員 (しんにゅうしゃいん)	신입사원	住む (すむ)	살다
運命 (うんめい)	운명	夢 (ゆめ)	꿈
出会う (であう)	만나다	鳥 (とり)	새
予感 (よかん)	예감	空 (そら)	하늘
頑張る (がんばる)	힘내다, 열심히 하다	飛ぶ (とぶ)	날다
出張 (しゅっちょう)	출장	雪 (ゆき)	눈
同僚 (どうりょう)	동료	肌 (はだ)	피부
秘密 (ひみつ)	비밀	砂糖 (さとう)	설탕
指輪 (ゆびわ)	반지	甘い (あまい)	달다
お城 (おしろ)	성	俳優 (はいゆう)	배우

제시된 단어를 예와 같이 일본어로 써 보세요.

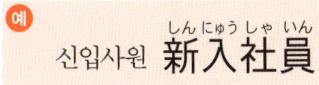
예) 신입사원 新入社員 (しんにゅうしゃいん)

1 날다

2 비밀

3 동료

4 예감

5 출장

6 꿈

Step 2 핵심 문법 복습하기

❶ らしい

1. 추측의 조동사 : ~인 것 같다 (객관적인 정보, 상황에 기초한 추측)

동사	る / ている / た	+ らしい
い형용사	い / かった	
な형용사	어간 / だった	
명사	명사 / だった	

2. 접미어 (명사 + らしい) : ~답다, ~다운

❷ ようだ

1. 추측의 조동사 : ~인 것 같다 (주관적인 판단, 느낌에 기초한 추측)

동사	る / ている / た	+ ようだ
い형용사	い / かった	
な형용사	な / だった	
명사	の / だった	

2. 비유

명사	+ ~のようだ	~인 것 같다
	+ ~ような (명사 수식형)	~같은
	+ ~ように (부사형)	~같이, ~처럼

✏️ 빈칸에 알맞은 말을 넣어 보세요.

1 明日出張に行く _____。
　　　　　　　　　　　　것 같습니다

2 子供 _____ 子供
　　　　다운

3 気分が悪い _____。
　　　　　　　　　것 같습니다

4 まるで兄弟 _____。
　　　　　　　　　같습니다

5 _____ 話です。
　　꿈 같은

Step 3 회화 연습하기

✏️ **빈칸에 알맞은 말을 넣어 보세요.**

Ⅰ

1. **A** 彼、とてもうれしそうですね。
   B _____ らしいです。
   　　内日부터 일주일간 해외여행을 가는

2. **A** あの店はいつも混んでいますね。
   B _____ らしいです。
   　　요리가 매우 맛있는 것

3. **A** 彼、元気ないですね。
   B _____ らしいです。
   　　부모님이 걱정되는

4. **A** 具合はどうですか。
   B そうですね。_____ ようです。
   　　　　　　　　　　열이 좀 있는

5. **A** この服はどうですか。
   B そうですね。_____ ようです。
   　　　　　　　　　　조금 화려한

Ⅱ

1. まるで _____。
   　　　　일본인처럼 일본어를 말하네요

2. まるで _____。
   　　　　가수처럼 노래를 잘하네요

3. まるで _____。
   　　　　셰프처럼 맛있는 요리를 만드네요

4. まるで _____。
   　　　　아나운서처럼 발음이 좋네요

4. まるで _____。
   　　　　전문가처럼 잘 알고 있네요

LESSON 03

おいしそうなお寿司が回っていますね。
맛있어 보이는 초밥이 돌아가고 있네요.

Step 1 필수 단어 익히기

回転寿司(かいてんずし)	회전 초밥	掃除(そうじ)	청소
雰囲気(ふんいき)	분위기	手紙(てがみ)	편지
招く(まねく)	초청하다, 초대하다	置く(おく)	두다, 놓다
猫(ねこ)	고양이	電気(でんき)	전기
順番(じゅんばん)	순서	住所(じゅうしょ)	주소
ルール	룰	駐車場(ちゅうしゃじょう)	주차장
花瓶(かびん)	꽃병	集まる(あつまる)	모이다
入れる(いれる)	넣다	集める(あつめる)	모으다
予約(よやく)	예약	並ぶ(ならぶ)	줄서다, 늘어서다
着物(きもの)	기모노	並べる(ならべる)	나란히 세우다

 제시된 단어를 예와 같이 일본어로 써 보세요.

 회전 초밥 回転寿司(かいてんずし)

1 청소　　　　　2 주소　　　　　3 주차장

4 편지　　　　　5 예약　　　　　6 고양이

Step 2 핵심 문법 복습하기

❶ ~てみる ~해 보다 시도, 경험해 보다

❷ ~ところだ ~참이다 어떤 동작의 순간 포착 표현

❸ 상태를 나타내는 두 가지 표현

자동사 + ている	~어 있다 (일반적인 자연적 상태)
타동사 + てある	~해 있다 (타동사 행위의 결과로 이루어진 상태)

빈칸에 알맞은 말을 넣어 보세요.

1 日本の料理を _____。
　　　　　　　　　만들어 봤습니다

2 日本に _____ と思っています。
　　　　　가 보고 싶다

3 住所が _____。
　　　　　쓰여 있습니다

4 人形が _____。
　　　　　놓여 있습니다

5 ご飯を食べている _____。
　　　　　　　　　　참입니다

Step 3 회화 연습하기

✏️ 빈칸에 알맞은 말을 넣어 보세요.

Ⅰ

1 ノートに名前を書きました。
　➡ ノートに _____。
　　　　　　　이름이 적혀 있습니다

2 コーヒーに砂糖を入れました。
　➡ コーヒーに _____。
　　　　　　　　설탕이 들어 있습니다

3 ドアにカギをかけました。
　➡ ドアに _____。
　　　　　　열쇠가 채워져 있습니다

4 レストランの予約をしました。
　➡ レストランの _____。
　　　　　　　　　예약이 되어 있습니다

5 窓を開けました。
　➡ _____。
　　　창문이 열려 있습니다

Ⅱ

1 A 電気はついていますか。
　 B はい、電気は _____。
　　　　　　　　　　켜져 있습니다

2 A 窓は閉まっていますか。
　 B はい、窓は _____。
　　　　　　　　닫혀져 있습니다

3 A 絵はかかっていますか。
　 B はい、絵は _____。
　　　　　　　　걸려 있습니다

4 A テレビは消えていますか。
　 B はい、テレビは _____。
　　　　　　　　　　꺼져 있습니다

LESSON 04 お母様にさしあげる誕生日プレゼントですか。

어머니에게 드릴 생신 선물 말이에요?

 Step 1　필수 단어 익히기

場合	경우	小遣い	용돈
現金	현금	見せる	보여주다
両親	부모님	貸す	빌려주다
目上の人	손윗사람	紹介する	소개하다
大丈夫だ	괜찮다	慰める	위로하다
違う	다르다	助ける	돕다, 도와주다
普通	보통	観光地	관광지
受けとる	받다	化粧品	화장품
指輪	반지	商品券	상품권
辞書	사전	選ぶ	고르다, 선택하다

제시된 단어를 예와 같이 일본어로 써 보세요.

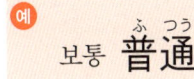

보통　普通

1 관광지　　　2 돕다　　　3 빌려주다

4 다르다　　　5 고르다, 선택하다　　　6 사전

Step 2 핵심 문법 복습하기

❶ 수수동사

もらう	(친구, 손아랫사람에게서)	받다
いただく	(손윗사람으로부터)	
やる	(나 → 동물, 식물, 손아랫사람에게)	주다
あげる	(나 → 친구, 남 → 남)	
さしあげる	(나, 남 → 손윗사람)	드리다
くれる	(남, 나의 가족 → 나)	주다
くださる	(손윗사람 → 나, 나의 가족)	주시다

❷ 보조 수수동사

～てやる / ～てあげる　～해 주다

～てくれる / ～てくださる　～해 주다, 주시다

～てもらう / ～ていただく　(친구, 윗분으로부터) ～해 받다

✏️ **빈칸에 알맞은 말을 넣어 보세요.**

1　恋人(こいびと)に指輪(ゆびわ)を ＿＿＿＿＿＿＿＿＿＿。
　　　　　　　　　　　　받았습니다

2　先生(せんせい)にお花(はな)を ＿＿＿＿＿＿＿＿＿＿。
　　　　　　　　　　　　드립니다

3　母(はは)は私(わたし)に小遣(こづか)いを ＿＿＿＿＿＿＿＿＿＿。
　　　　　　　　　　　　　　　주었습니다

4　山田(やまだ)さんに友(とも)だちを紹介(しょうかい) ＿＿＿＿＿＿＿＿＿＿。
　　　　　　　　　　　　　　　　　　　해 주었습니다

5　先生(せんせい)は親切(しんせつ)に説明(せつめい) ＿＿＿＿＿＿＿＿＿＿。
　　　　　　　　　　　　　　　해 주셨습니다

Step 3 회화 연습하기

✏️ 빈칸에 알맞은 말을 넣어 보세요.

Ⅰ

1. A 誕生日のプレゼントに誰から何をもらいましたか。
   B 私は _____。
   　　　애인에게 반지를 받았습니다

2. A 誕生日のプレゼントに誰から何をもらいましたか。
   B 私は _____。
   　　　친한 친구에게 화장품을 받았습니다

3. A 誕生日のプレゼントに誰から何をもらいましたか。
   B 私は _____。
   　　　선생님에게 사전을 받았습니다

4. A 山田さんは金さんに何をあげましたか。
   B 山田さんは金さんに _____。
   　　　　　　　　　　　상품권을 주었습니다

5. A 金さんは中村さんに何をあげましたか。
   B 金さんは中村さんに _____。
   　　　　　　　　　　　디지털카메라를 주었습니다

Ⅱ

1. A 先生は妹さんに何をしてくださいましたか。
   B 先生は妹に _____。
   　　　　　　　책을 사 주셨습니다

2. A あなたは先生に何をしていただきましたか。
   B 私は先生に _____。
   　　　　　　　일본어를 가르쳐 받았습니다. (가르침을 받았습니다)

3. A あなたはお兄さんに何をしてあげましたか。
   B 私は兄に _____。
   　　　　　　요리를 만들어 주었습니다

4. A あなたは妹さんに何をしてあげましたか。
   B 私は妹に _____。
   　　　　　　숙제를 도와주었습니다

LESSON 05 普通どんな教育を受けさせますか。
보통 어떤 교육을 받게 합니까?

Step 1 필수 단어 익히기

仲よく (なかよく)	사이좋게	案内 (あんない)	안내
教育 (きょういく)	교육	自信 (じしん)	자신
参加 (さんか)	참가	漢字 (かんじ)	한자
業務 (ぎょうむ)	업무	教科書 (きょうかしょ)	교과서
任せる (まかせる)	(일을) 맡기다	理由 (りゆう)	이유
席 (せき)	자리	復習 (ふくしゅう)	복습
用事 (ようじ)	일, 용무	答える (こたえる)	대답하다
急用 (きゅうよう)	급한 볼일	質問 (しつもん)	질문
部分 (ぶぶん)	부분	病院 (びょういん)	병원
初対面 (しょたいめん)	첫 대면	欠席 (けっせき)	결석

 제시된 단어를 예와 같이 일본어로 써 보세요.

 일, 용무 用事 (ようじ)

1 맡기다   2 교육   3 참가

4 업무   5 교과서   6 안내

Step 2 핵심 문법 복습하기

❶ 동사의 사역형

Ⅰ그룹 동사 (5단 동사)	어미 う단 → あ단 + せる
Ⅱ그룹 동사 (상하 1단 동사)	あ단 + させる
Ⅲ그룹 동사 (불규칙 동사)	来る ➡ 来させる / する ➡ させる

❷ ~させてください ~하게 해 주세요

❸ ~させていただけませんか ~해도 될까요?

✏️ 빈칸에 알맞은 말을 넣어 보세요.

1　先生は学生を席に _____。
　　　　　　　　　　　　앉게 합니다

2　先生は学生に本を _____。
　　　　　　　　　　　　읽게 합니다

3　私を _____。
　　　　　가게 해 주세요

4　自己紹介 _____。
　　　　　　　하겠습니다

5　明日は _____。
　　　　　　쉬어도 될까요?

Step 3 회화 연습하기

✏️ 빈칸에 알맞은 말을 넣어 보세요.

Ⅰ

1 少しずつ漢字を覚えてください。
➡ 先生は学生に少しずつ漢字を _____。
　　　　　　　　　　　　　　　　　외우게 합니다

2 声に出して教科書を読んでください。
➡ 先生は学生に声に出して教科書を _____。
　　　　　　　　　　　　　　　　　　　　　　읽게 합니다

3 欠席の理由を説明してください。
➡ 先生は学生に欠席の理由を _____。
　　　　　　　　　　　　　　　　　설명하게 합니다

4 質問に答えてください。
➡ 先生は学生に質問に _____。
　　　　　　　　　　　　대답하게 합니다

5 レポートを出してください。
➡ 先生は学生にレポートを _____。
　　　　　　　　　　　　　내게 (제출하게) 합니다

Ⅱ

1 熱があるので、_____。
　　　　　　　　　　병원에 가게 해 주시지 않겠습니까?

2 自信があるので、_____。
　　　　　　　　　　시켜 주시지 않겠습니까?

3 急用ができたので、_____。
　　　　　　　　　　　일찍 돌아가게 해 주시지 않겠습니까?

4 よく分からない部分があるので、_____。
　　　　　　　　　　　　　　　　　　質問해도 되겠습니까?

5 初対面なので、_____。
　　　　　　　　　자기소개를 해도 되겠습니까?

LESSON 06

ご両親に叱られても仕方がないですね。
부모님에게 야단맞아도 어쩔 수 없네요.

Step 1 필수 단어 익히기

単語	뜻	単語	뜻
小言(こごと)	잔소리	招待(しょうたい)	초대
相手(あいて)	상대	行(おこな)う	행하다
叱(しか)る	야단치다, 꾸짖다	咬(か)む	깨물다
断(ことわ)る	거절하다	恥(は)ずかしい	부끄럽다, 창피하다
落(お)ち込(こ)む	낙담하다, 침울해지다	輸出(ゆしゅつ)する	수출하다
期待(きたい)	기대	製品(せいひん)	제품
傷(きず)つける	상처 입히다	展示(てんじ)する	전시하다
呼(よ)ぶ	부르다	部品(ぶひん)	부품
踏(ふ)む	밟다	輸入(ゆにゅう)する	수입하다
建(た)てる	세우다, 짓다	利用(りよう)	이용

 제시된 단어를 예와 같이 일본어로 써 보세요.

예) 낙담하다, 침울해지다 落(お)ち込(こ)む

1 제품

2 수출

3 수입

4 전시

5 거절하다

6 이용

Step 2 　핵심 문법 복습하기

❶ 동사의 수동형

I 그룹 동사 (5단 동사)	어미 う단 → あ단 + れる
II 그룹 동사 (상하 1단 동사)	어간 + られる
III 그룹 동사 (불규칙 동사)	来る ➡ 来られる / する ➡ される

❷ 일반적인 수동형과 피해의 수동

1. 일반적인 수동
   ① (사물. 사건이) ~해지다 : 책이 읽혀지다, 건물이 지어지다
   ② (사람으로부터) ~해 받다 : 칭찬받다, 인정받다
   ③ (사람이) ~을 당하다, ~히다 : 밟히다, 사기당하다

2. 피해의 수동　피해자가 어떤 사건을 겪음으로 힘든 상황 묘사할 때 쓰는 표현으로서 사건이 일어남으로 인해 피해를 입은 심정을 부각시킴

✏ 빈칸에 알맞은 말을 넣어 보세요.

1　この 新聞(しんぶん)は 韓国(かんこく)で 一番(いちばん)多(おお)く _____。
　　　　　　　　　　　　　　　　　　　　　읽혀지고 있습니다

2　先生(せんせい)に _____。
　　　　　　　　칭찬받았습니다

3　電車(でんしゃ)の 中(なか)で 足(あし)を _____。
　　　　　　　　　　　　　　　　　밟혔습니다

4　急(きゅう)に _____ 困(こま)っています。 (피해의 수동)
　　　　비가 내려서 (비가 오는 바람에)

5　私(わたし)は _____ 仕事(しごと)ができませんでした。 (피해의 수동)
　　　　　　친구가 와서 (친구가 오는 바람에)

Step 3 회화 연습하기

✏️ 빈칸에 알맞은 말을 넣어 보세요.

Ⅰ 1 この製品は多くの人々が使っています。
　→ この製品は多くの人々に _____。
　　　　　　　　　　　　　　　　　　　사용되어지고 있습니다

2 このアパートは10年前に建てました。
　→ このアパートは10年前に _____。
　　　　　　　　　　　　　　　　　지어졌습니다

3 この部品は日本から輸入しています。
　→ この部品は日本から _____。
　　　　　　　　　　　　　　수입되고 있습니다

Ⅱ 1 A どうしたんですか。元気がないですね。
　　B 電車の中で財布を _____。
　　　　　　　　　　　　　소매치기 당했거든요

2 A どうしたんですか。元気がないですね。
　　B 恋人に _____。
　　　　　　차였거든요

3 A どうしたんですか。元気がないですね。
　　B 両親に結婚を反対 _____。
　　　　　　　　　　　　　　당했거든요

Ⅲ 1 A どうしたんですか。
　　B 一晩中 _____ 疲れているんです。
　　　　　　아기가 울어서

2 A どうしたんですか。
　　B 夜中 _____ 寝られなかったんです。
　　　　　잘못 걸린 전화에 잠을 깨서

3 A どうしたんですか。
　　B 急に _____ 困っているんです。
　　　　　동료가 회사를 그만두어서

LESSON 07

部長に残業を押しつけられてしまいました。
부장님이 잔업을 떠맡겨 버렸습니다.

Step 1 필수 단어 익히기

残業(ざんぎょう)	잔업, 야근	いやなこと	싫은 일
押(お)しつける	억지로 떠맡기다	先輩(せんぱい)	선배
掃除(そうじ)	청소	後輩(こうはい)	후배
必要(ひつよう)	필요	タバコを止(や)める	담배를 끊다
持(も)つ	들다, 가지다	コーヒーを入(い)れる	커피를 타다
捨(す)てる	버리다	宿題(しゅくだい)	숙제
部長(ぶちょう)	부장(님)	手伝(てつだ)う	돕다
社長(しゃちょう)	사장(님)	マンガを読(よ)む	만화를 읽다
家内(かない)	아내	輸入(ゆにゅう)する	수입하다
みんな	모두	ショッピングをする	쇼핑을 하다

제시된 단어를 예와 같이 일본어로 써 보세요.

예 | 잔업, 야근 残業(ざんぎょう)

1 아내   2 숙제   3 선배

4 부장   5 버리다   6 필요

Step 2 핵심 문법 복습하기

❶ **사역 수동형** ~시킴을 당하다, (명령, 지시등을 받아) 어쩔 수 없이 ~하다

I그룹 동사 (5단 동사)	어미 う단 → あ단 + せられる
II그룹 동사 (상하 1단 동사)	어간 + させられる
III그룹 동사 (불규칙 동사)	来る ➡ 来させられる / する ➡ させられる

❷ **~ばかり** ~만 (중복, 반복)

명사 + ~ばかり ~ている ~만 ~하고 있다

동사 + ~てばかりいる ~하고만 있다 (같은 행동을 그것만 반복하여 함)

✎ 빈칸에 알맞은 말을 넣어 보세요.

1 部長にみんなの前で _____。
    노래를 불러야 했습니다 (부장님이 시켜서)

2 母に家の掃除を _____。
    해야 했습니다 (어머니가 시켰기 때문에)

3 お酒 _____ 飲んでいます。
        만

4 _____ います。
    놀고만

5 必要なもの _____ 持って行きます。
                 만

Step 3 회화 연습하기

✎ 빈칸에 알맞은 말을 넣어 보세요.

Ⅰ 1 金さんは医者に ＿＿＿＿＿＿＿＿＿＿＿＿＿＿＿＿＿＿＿。
　　　　(의사의 지시로) 담배를 끊어야 했습니다

　　2 後輩は先輩に ＿＿＿＿＿＿＿＿＿＿＿＿＿＿＿＿＿＿＿。
　　　　(선배가 시켜서) 술을 먹어야 했습니다

　　3 秘書は社長に ＿＿＿＿＿＿＿＿＿＿＿＿＿＿＿＿＿＿＿。
　　　　(사장님이 시켜서) 커피를 타야 했습니다

Ⅱ 1 A 何かいやなことをさせられましたか。
　　　　B はい、社長に 1時間も ＿＿＿＿＿＿＿＿＿＿＿＿＿＿＿＿＿。
　　　　　　(사장님 때문에) 기다려야 했습니다

　　2 A 何かいやなことをさせられましたか。
　　　　B はい、家内に ＿＿＿＿＿＿＿＿＿＿＿＿＿＿＿＿＿＿。
　　　　　　(아내가 시켜서) 집안 청소를 해야 했습니다

　　3 A 何かいやなことをさせられましたか。
　　　　B はい、子供に ＿＿＿＿＿＿＿＿＿＿＿＿＿＿＿＿＿＿。
　　　　　　(아이 부탁 때문에) 숙제를 도와주어야 했습니다

Ⅲ 1 A 弟さんはいつも何をしていますか。
　　　　B 弟は ＿＿＿＿＿＿＿＿＿＿＿＿＿＿＿＿＿＿＿＿＿。
　　　　　　텔레비전만 보고 있습니다

　　2 A 彼はいつも何を聞いていますか。
　　　　B 彼は ＿＿＿＿＿＿＿＿＿＿＿＿＿＿＿＿＿＿＿＿＿。
　　　　　　음악만 듣고 있습니다

　　3 A 彼はいつも何を読んでいますか。
　　　　B 彼は ＿＿＿＿＿＿＿＿＿＿＿＿＿＿＿＿＿＿＿＿＿。
　　　　　　만화만 보고(읽고) 있습니다

　　4 A 彼女はいつも何をしていますか。
　　　　B 彼女は ＿＿＿＿＿＿＿＿＿＿＿＿＿＿＿＿＿＿＿＿。
　　　　　　쇼핑만 하고 있습니다

LESSON 08

今回の書類をファックスでお送り致しました。
이번 서류를 팩스로 보냈습니다.

Step 1 필수 단어 익히기

覚える (おぼえる)	외우다, 익히다	送る (おくる)	보내다
敬語 (けいご)	경어	願う (ねがう)	원하다, 부탁하다
練習 (れんしゅう)	연습	書類 (しょるい)	서류
物産 (ぶっさん)	물산	お茶 (おちゃ)	차
商事 (しょうじ)	상사	説明 (せつめい)	설명
今回 (こんかい)	이번에	貸す (かす)	빌려주다
書類 (しょるい)	서류	荷物 (にもつ)	짐
確認 (かくにん)	확인	呼ぶ (よぶ)	부르다
後程 (のちほど)	잠시 후	日程 (にってい)	일정
普段 (ふだん)	평소, 보통	知らせる (しらせる)	알리다

제시된 단어를 예와 같이 일본어로 써 보세요.

예 외우다, 익히다 覚える(おぼえる)

1 짐 2 일정 3 평소

4 경어 5 확인 6 이번에

 **Step 2** 핵심 문법 복습하기

❶ 존경어	~하시다	
존경어	お/ご+ます형+になる	
	~られる (수동형 활용과 동일)	
특수 존경어	いらっしゃる 가시다, 계시다, 오시다	
	なさる 하시다	おっしゃる 말씀하시다
	くださる 주시다	召し上がる 드시다, 잡수시다
당부 표현	お/ご+ます형+になってください ~해 주십시오	
	お/ご+ます형+ください ~하시지요, ~하십시오	

❷ 겸양어 (자신을 낮추어 상대방을 높이는 표현)		
겸양어	お/ご+ます형+する/致す	
특수 겸양어	まいる 가다, 오다	おる 있다
	申す 말씀드리다	いただく 먹다, 받다
	致す 하다	拝見する 보다

✏️ 빈칸에 알맞은 말을 넣어 보세요.

1 先生はもう _____。
　　　　　　　돌아가셨습니다

2 お客様は _____。
　　　　　　오셨습니까

3 こちらで _____。
　　　　　　기다려 주십시오

4 明日までに _____。
　　　　　　　보내 드리겠습니다

5 書類を _____。
　　　　　보았습니다

Step 3 회화 연습하기

✏️ 빈칸에 알맞은 말을 넣어 보세요.

I

1　先生は何時に _____。（帰る）
　　　　　　　　　돌아가십니까?

2　先生は何を _____。（食べる）
　　　　　　　드시겠습니까?

3　先生はいつお宅に _____。（いる）
　　　　　　　　　　　계십니까?

4　先生はニュースを _____。（聞く）
　　　　　　　　　　들으셨습니까?

II

1　ここに座ってください。
　➡ こちらに _____。
　　　　　　 앉아 주십시오 (앉으시지요)

2　これを使ってください。
　➡ これを _____。
　　　　　 사용해 주십시오

3　こっちを見てください。
　➡ こちらを _____。
　　　　　　 봐 주십시오

III

1　ペンを貸します。
　➡ ペンを _____。
　　　　　 빌려 드리겠습니다

2　荷物を持ちます。
　➡ お荷物を _____。
　　　　　　 들어 드리겠습니다

3　タクシーを呼びます。
　➡ タクシーを _____。
　　　　　　　 불러 드리겠습니다

4　日程を知らせます。
　➡ 日程を _____。
　　　　　 알려 드리겠습니다

정답

Lesson 01

step 1
1 駐車　2 免許　3 新婚
4 信じる　5 教える　6 夫婦

step 2
1 会える　2 食べられる
3 できる　4 作れる
5 取ったばかりで

step 3
Ⅰ 1 海外へ行けます
2 特産物を買えます
3 小包を送れます
4 読めません
5 着られません

Ⅱ 1 授業が始まったばかりです
2 ジョギングを始めたばかりです
3 店をオープンしたばかりです
4 就職したばかりです
5 開業したばかりです

Lesson 02

step 1
1 飛ぶ　2 秘密　3 同僚
4 予感　5 出張　6 夢

step 2
1 らしいです　2 らしい
3 ようです　4 のようです
5 夢のような

step 3
Ⅰ 1 明日から一週間海外旅行に行く
2 料理がとてもおいしい
3 両親のことが心配
4 ちょっと熱がある
5 ちょっと派手な

Ⅱ 1 日本人のように日本語を話しますね
2 歌手のように歌が上手ですね
3 シェフのようにおいしい料理を作りますね
4 アナウンサーのように発音がいいですね
5 専門家のようによく知っていますね

Lesson 03

step 1
1 掃除　2 住所　3 駐車場
4 手紙　5 予約　6 猫

step 2
1 作ってみました　2 行ってみたい
3 書いてあります　4 置いてあります
5 ところです

step 3
Ⅰ 1 名前を書いてあります
2 砂糖が入れてあります
3 カギがかけてあります
4 予約がしてあります
5 窓が開けてあります

Ⅱ 1 つけてあります

2 閉めてあります
3 かけてあります
4 消してあります

Lesson 04

step 1
1 観光地　2 助ける　3 貸す
4 違う　5 選ぶ　6 辞書

step 2
1 もらいました　2 さしあげます
3 くれました　4 してあげました
5 してくださいました

step 3
I
1 恋人に指輪をもらいました
2 親友に化粧品をもらいました
3 先生に辞書をもらいました
4 商品券をあげました
5 デジカメをあげました

II
1 本を買ってくださいました
2 日本語を教えていただきました
3 料理を作ってあげました
4 宿題を手伝ってあげました

Lesson 05

step 1
1 任せる　2 教育　3 参加
4 業務　5 教科書　6 案内

step 2
1 座らせます
2 読ませます

3 行かせてください
4 させていただきます
5 休ませていただけませんか

step 3
I
1 覚えさせます
2 読ませます
3 説明させます
4 答えさせます
5 出させます

II
1 病院に行かせていただけませんか
2 やらせていただけませんか
3 早く帰らせていただけませんか
4 質問させていただけませんか
5 自己紹介させていただけませんか

Lesson 06

step 1
1 製品　2 輸出　3 輸入
4 展示　5 断る　6 利用

step 2
1 読まれています　2 ほめられました
3 踏まれました　4 雨に降られて
5 友達に来られて

step 3
I
1 使われています
2 建てられました
3 輸入されています

II
1 すられたんです
2 ふられたんです
3 されたんです

Ⅲ 1 赤ちゃんに泣かれて
   2 間違い電話に起こされて
   3 同僚に会社を辞められて

Lesson 07

🔍 step 1

1 家内　　2 宿題　　3 先輩
4 部長　　5 捨てる　6 必要

📝 step 2

1 歌を歌わせられました
2 させられました　3 ばかり
4 遊んでばかり　　5 だけ

💬 step 3

Ⅰ 1 タバコを止めさせられました
   2 お酒を飲ませられました
   3 コーヒーを入れさせられました

Ⅱ 1 待たせられました
   2 家の掃除をさせられました
   3 宿題を手伝わせられました

Ⅲ 1 テレビばかり見ています
   2 音楽ばかり聞いています
   3 マンガばかり読んでいます
   4 ショッピングばかりしています

📝 step 2

1 お帰りになりました
2 いらっしゃいましたか
3 お待ちになってください
4 お送りします
5 拝見しました

💬 step 3

Ⅰ 1 お帰りになりますか
   2 召し上がりますか
   3 いらっしゃいますか
   4 お聞きになりましたか

Ⅱ 1 お座りください
   2 お使いください
   3 ご覧ください

Ⅲ 1 お貸しします
   2 お持ちします
   3 お呼びします
   4 お知らせします

Lesson 08

🔍 step 1

1 荷物　2 日程　　3 普段
4 敬語　5 確認　　6 今回

Memo

Memo

Memo

うきうき 일본어

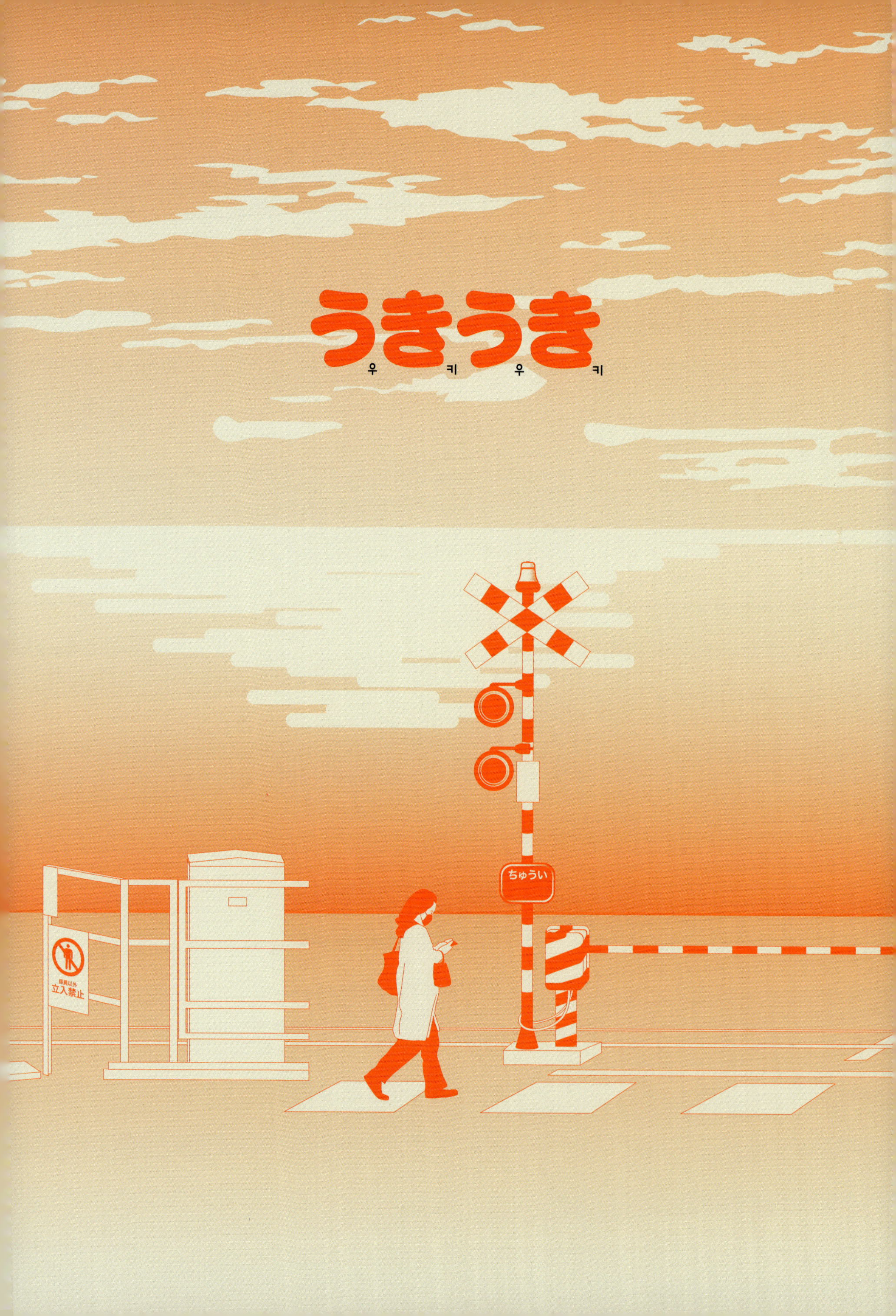

うきうき
우 키 우 키
ちゅうい
係員以外
立入禁止

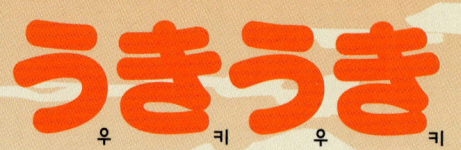